Keidanren
Policy & Action

2023年版
経営労働政策特別委員会報告

「人への投資」促進を通じた
イノベーション創出と
生産性向上の実現

一般社団法人
日本経済団体連合会

序　文

経団連の「経営労働政策特別委員会報告」は「経労委報告」の略称で広く知られ、毎年の春季労使交渉における経営側の基本スタンスと雇用･労働に関する経団連の考え方を示している。経労委報告の歴史は長く、第１次オイルショック時の物価高騰に対する賃金引上げのあり方を検討した「大幅賃上げの行方研究委員会」が1974年に公表した報告書が最初となる。その後も毎年公表を続け、2023年版報告で49冊目となる。この間、委員会の名称だけでなく内容的にも大きく変わってきた。日経連と統合した2002年以降でみても、ＩＴバブル崩壊後の厳しい経営状況を踏まえ、2003年版の「経労委報告」は「ベースアップは論外」との方針を打ち出した。長期にわたるデフレに加え、2008年のリーマンショックによる世界同時不況、2011年の東日本大震災などを受けて、ベアゼロが継続した。その後、経営環境が改善したことから、2014年版報告に「ここ数年とは異なる対応も選択肢」と記述して以降、ベアを含む多様な方法による賃金引上げが定着し、そのモメンタムが継続するなど、大きく変容している。

2023年は、物価上昇局面という近年に経験のない特別な状況で春季労使交渉を迎えている。「2023年版経労委報告」は物価動向への考慮を記述した久々の報告書であり、大きな転換点になると位置付けている。私が考える2023年版報告の大きなポイントは、２つある。

１つ目は「円滑な労働移動」である。わが国経済の持続的な成長には、ＧＸとＤＸの推進による産業構造の転換と、それに伴う成長産業・分野等への円滑な労働移動による労働生産性の向上が不可欠である。硬直的とされるわが国の労働市場を円滑な労働移動に適した形へと新たに作り上げるべく、社会全体で取り組む必要がある。政府には、雇用のマッチング機能強化とともに、現行の「雇用維持型」のセーフティーネットを「労働移動推進型」へと移行すべく、「フレキシキュリティ」との言葉もあるように、雇用のセーフティーネットとリスキリングを組み合わせ、働き手が安心して自己啓発やスキルアップを図り、自身の希望と能力に応じた労働移動を可能とする政策の検討を求めたい。

働き手は主体的なキャリア形成や能力開発を図るなどエンプロイアビリティ向上に励み、企業はその支援策を導入・拡充し、働き手のエンゲージメントを高める必要がある。企業が離職・転職者を経験やスキルを有する者と評価して採用・処遇することも重要である。

２つ目は「物価動向を重視した賃金引上げ」である。今回の物価上昇を契機に、デフレマインドを払拭し賃金引上げの機運をさらに醸成して消費を喚起・拡大することが必要である。物価上昇が働き手の生活だけでなく、企業収益への影響が懸念されることも承知している。しかし、賃金引上げのモメンタムを維持・強化し、賃金と物価が適切に上昇する「賃金と物価の好循環」へとつなげていかなければ、日本経済再生は一層厳しくなるとの危機感を強く抱いている。

こうした「社会性の視座」に立ち、経団連は、今年の春季労使交渉を、デフレからの脱却と「人への投資」促進による構造的な賃金引上げを目指した企業行動への転換を実現する正念場かつ絶好の機会と位置付けている。各企業には、「賃金決定の大原則」を堅持しながら「物価動向」を特に重視した検討を行い、多様な方法による積極的な対応をお願いしたい。その際、自社の賃金水準を踏まえ、ベースアップ本来の目的や役割を労使で改めて議論することも有益と考える。

わが国全体の賃金引上げの気運醸成には、中小企業の賃金引上げとその環境整備が不可欠である。経団連は、適正な価格転嫁と取引条件の改善に向けて、政府が推進する「パートナーシップ構築宣言」に積極的に協力してきた。今後、一段ギアを上げて参画を呼びかけ、サプライチェーン全体の適正分配に引き続き取り組んでいきたい。

こうした経団連のメッセージをできるだけ主体的な表現で盛り込んだことも「2023 年版経労委報告」の特徴の１つである。今後、2023年版報告の周知を図るとともに、どう実行していくかが重要である。本報告書に一人でも多くの方に共感していただき、諸課題の克服に共に取り組み、日本の未来を「協創」していければと切に願っている。

2023 年 1 月 17 日

一般社団法人　日本経済団体連合会

会長　十倉　雅和

Keidanren Policy & Action **2023年版 経営労働政策特別委員会報告 概要**

はじめに

- わが国は、急速な人口減少やＧＤＰシェア低下のほか、原材料価格の高騰や急速に進行した円安等による継続的な物価上昇に直面。さらに、ＤＸやＧＸの推進に伴う産業構造変革とそれらへの対応が急務。
- 持続的な成長の実現には、「人への投資」を起点としたイノベーション創出を通じて労働生産性の向上を図り、成長の果実を賃金引上げや総合的な処遇改善・人材育成として適切に分配することが必要。
- とりわけ、賃金引上げのモメンタムを維持・強化し、持続的な「成長と分配の好循環」の実現に寄与することが重要。その鍵は、中小企業の賃金引上げと有期雇用等労働者の処遇改善が握っている。
- 働き方改革のさらなる推進、ＤＥ＆Ｉの浸透、円滑な労働移動を通じた労働生産性の向上も喫緊の課題。
- 「人への投資」をさらに促進し、「構造的な賃金引上げ」と「分厚い中間層の形成」の実現に貢献していくことが、経済界・企業に対する社会的な期待であり、責務である。

第Ⅰ部 雇用・人事労務管理に関する諸課題

1．エンゲージメントと労働生産性の向上に資する働き方改革

- 成長の実現には、働き方改革を継続・深化させ、生産性向上を図ることが不可欠。その鍵となる働き手の「エンゲージメント」を高めるべく、企業は働き方改革を「人への投資」と位置付け、働き手とのコミュニケーションの拡充、各施策の効果測定・評価、改善に向けたサイクルの継続などの取組みが必要。
- 働き方改革のさらなる推進には、現場業務に従事する社員や有期雇用等労働者など多様な働き手を考慮した取組みの推進、サプライチェーン全体における中小企業の経営環境整備の支援なども重要。
- 働き手の多様化への対応やエンゲージメント向上のため、労働時間法制の見直しを行うべき。

2．ＤＥ＆Ｉ(Diversity, Equity & Inclusion)の浸透　（エクイティ（E）：公正性・公平性）

- 持続的な成長の実現には、労働生産性の向上とともに、労働参加率の上昇と処遇等の質的改善が不可欠。
- 企業は、性別や国籍、年齢、障害の有無、雇用形態に加え、人種やLGBTQ等に関わらず多様な人材を受け入れ、働き手一人ひとりの個性や強みを最大限発揮できるよう、人権の尊重と公正性・公平性の観点を踏まえながら、適切に「ＤＥ＆Ｉ」を浸透させていくことが極めて重要。

3．円滑な労働移動

- 硬直的とされるわが国の労働市場を、成長産業・分野等への円滑な労働移動に適したものへと新たに作り上げることが不可欠。離職・転職など労働移動に対する意識を肯定的なものに変えていくことも必要。
- 働き手には、キャリアを主体的に考え、エンプロイアビリティの向上に資する継続的な能力開発・スキルアップを期待。企業は、働き手の主体的な取組みを継続的に支援することが必要。政府には、雇用のマッチング機能強化と「労働移動推進型」のセーフティーネットへの移行の早期検討を要望。
- 企業の制度整備として、採用方法の多様化やジョブ型雇用を含む「自社型雇用システム」の確立が重要。

4．地方経済の活性化

- 地方経済の活性化には、域外からの新たな人の流れの創出が不可欠。地元関係者の連携強化による地域づくり、都市部の人材の受入れ側・送り出し側双方による取組みが必要。
- 地域の中小企業は、人材確保やビジネス創出に向けて、公的支援を活用しながら、地域の様々なステークホルダーとの連携・協働により、付加価値創造に取り組むことが肝要。

5．最低賃金

- 各地方最低賃金審議会において、労使の一方が「全員反対」で結審した地域が大勢を占める状況が常態化した場合には、目安制度や審議会方式による決定方式自体の見直しの検討が必要。
- 複数年度にわたって地域別最低賃金額を下回る場合や乖離額が大きい特定最低賃金については、「廃止のルール化」も含め、踏み込んだ検討が必要。

TOPICS

第Ⅰ部
- テレワークの現状と課題
- 副業・兼業
- 求められる安全衛生対策
- インターンシップを核とした学生のキャリア形成支援
- 労働紛争の動向
- 就業調整の状況

第Ⅱ部
- 賃金の国際比較
- 雇用者の構成変化と平均賃金への影響
- インフレ下における物価と賃金引上げの動向
- 労働分配率の動向
- 内部留保のあり方
- わが国における格差の現状
- 中小企業の賃金引上げに関する現状と課題

第Ⅱ部 2023年春季労使交渉・協議における経営側の基本スタンス

1．わが国企業を取り巻く経営環境

- 世界経済の実質成長率は、エネルギー・原材料価格等の高騰による世界的な物価上昇とその抑制のための金融引締めを背景として、減速が見込まれる。
- 日本経済は、社会経済活動の正常化が進み、持ち直し基調が継続し回復する予測。他方、世界経済の減速による輸出の下振れや物価上昇の影響等のリスク要因への注視が必要。
- 企業業績は全体として好調に推移しているが、業種・企業ごとに状況が大きく異なる。

2．連合「2023春季生活闘争方針」への見解

- デフレからの脱却や「人への投資」、日本全体の生産性引上げの必要性、サプライチェーンにおける取引適正化の推進など、基本的な考え方や問題意識の多くは、経団連と基本的に一致。
- 「賃上げ分３％程度、定昇分含め５％程度」などの賃金要求指標は、近年の賃金引上げ実態から大きく乖離。建設的な賃金交渉の観点から、要求水準自体については慎重な検討が必要。

3．経営側の基本姿勢

- 中期的な観点から、働き手との価値協創による成長とその適切な分配としての「人への投資」を通じて賃金引上げの機運をさらに醸成し、「構造的な賃金引上げ」「分厚い中間層の形成」につなげることが望まれる。こうした「社会性の視座」に立ち、経団連はデフレ脱却と「人への投資」を一層重視した企業行動への転換の絶好の機会との認識の下、「サステイナブルな資本主義」の実践に取り組む。
- 2023年の春季労使交渉においても、「賃金決定の大原則」に則って検討する方針は堅持。その上で、経団連は、様々な考慮要素のうち「物価動向」を特に重視しながら、企業の社会的責務として、賃金引上げのモメンタムの維持・強化に向けた積極的な対応を呼びかけていく。
- 「人への投資」として「賃金引上げ」と「総合的な処遇改善・人材育成」を積極的に検討し、成長の果実を働き手に適切に分配することが必要。
- 「賃金引上げ」では、月例賃金や諸手当、賞与・一時金を柱として自社に適した方法の検討・実施、「総合的な処遇改善・人材育成」では、エンゲージメント向上を軸に「働きがい」と「働きやすさ」に資する諸施策の導入・拡充が重要。
- 労使は「闘争」関係ではなく、価値協創に取り組む経営のパートナーとの認識の下、経団連は、わが国が抱える社会的課題の解決に向けて、未来を「協創」する労使関係を目指していく。

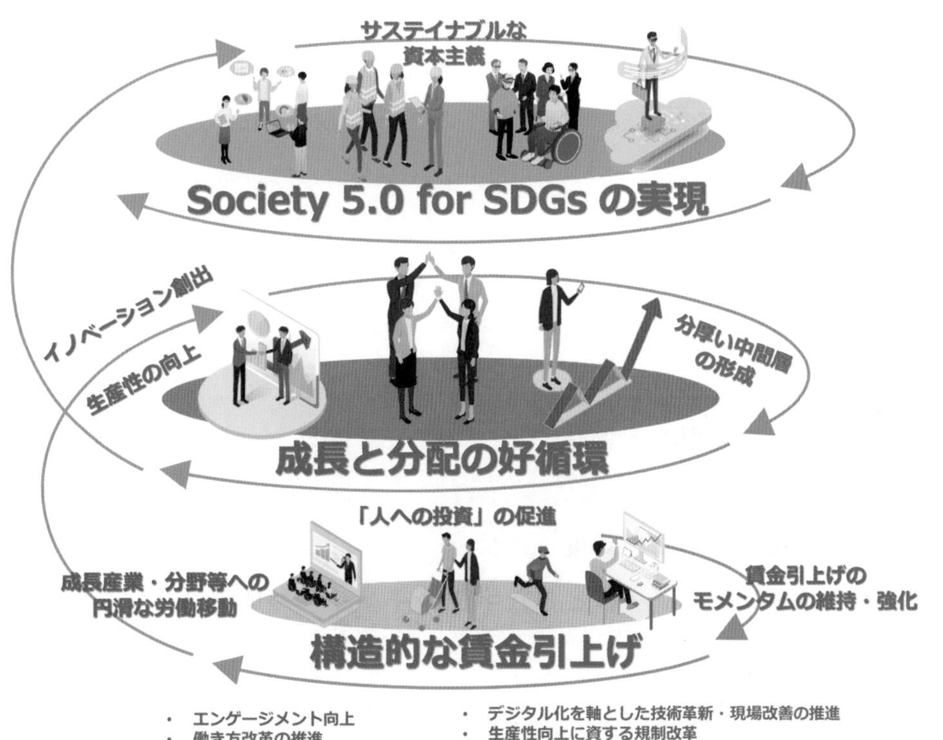

- エンゲージメント向上
- 働き方改革の推進
- ＤＥ＆Ｉの浸透
- エンプロイアビリティの向上
- 総合的処遇改善と人材育成

- デジタル化を軸とした技術革新・現場改善の推進
- 生産性向上に資する規制改革
- 地域経済の活性化
- 取引条件の改善と適正な価格転嫁
- 設備投資の促進と公的支援の拡充・継続

未来を「協創」する労使関係

2023年版 経営労働政策特別委員会報告　目次

はじめに 1

第Ⅰ部　雇用・人事労務管理に関する諸課題

1．エンゲージメントと労働生産性の向上に資する働き方改革 4
（１）エンゲージメントの重要性 4
（２）働き方改革のさらなる推進 7
（３）働き方改革の推進に資する労働時間法制 13
2．ＤＥ＆Ｉ(Diversity, Equity & Inclusion)の浸透 18
（１）女性 19
（２）外国人 24
（３）若年者 27
（４）高齢者 31
（５）障害者 35
（６）有期雇用等労働者 40
3．円滑な労働移動 45
（１）円滑な労働移動実現に向けた施策 46
（２）円滑な労働移動に資する企業における制度整備 54
4．地方経済の活性化 59
（１）新たな人の流れの創出 59
（２）中小企業における生産性向上とイノベーション創出 62
5．最低賃金 64
（１）地域別最低賃金 64
（２）特定最低賃金 68

ＴＯＰＩＣＳ

テレワークの現状と課題 70
副業・兼業 73
求められる安全衛生対策 75
インターンシップを核とした学生のキャリア形成支援 77
労働紛争の動向 79
就業調整の状況 81

第Ⅱ部　2023年春季労使交渉・協議における経営側の基本スタンス

1．わが国企業を取り巻く経営環境 **83**
（1）世界経済の動向 83
（2）日本経済の動向 84
（3）地域経済と中小企業の動向 87
2．連合「2023春季生活闘争方針」への見解 **91**
（1）2023闘争方針の意義と基本スタンス 91
（2）賃金要求の考え方 92
（3）労使の話し合いの場としての「春季労使交渉・協議」 94
3．経営側の基本姿勢 **96**
（1）2022年春季労使交渉・協議の総括 96
（2）2023年春季労使交渉・協議にあたっての基本スタンス 98
（3）未来を「協創」する労使関係を目指して 105

TOPICS

賃金の国際比較 107
雇用者の構成変化と平均賃金への影響 111
インフレ下における物価と賃金引上げの動向 114
労働分配率の動向 117
内部留保のあり方 120
わが国における格差の現状 123
中小企業の賃金引上げに関する現状と課題 126

はじめに

わが国の人口は急速に減少している。生産年齢人口（15～64歳）は1995年にピークアウト[1]している上、2065年には4,529万人と、ピーク時の1995年の半数程度への減少が見込まれている[2]。

また、わが国のＧＤＰは、米国、中国に次ぐ世界３位にあるものの、世界に占めるＧＤＰのシェアは14.6％(2000年)から5.1％(2021年)に大きく減少しているほか、マクロの賃金水準は国際的に低迷している[3]。グローバル人材の確保・定着において、わが国企業は競争力を失っているとの危機感を共有し対応していく必要がある。

図表　ＧＤＰシェア（2000年→2021年）

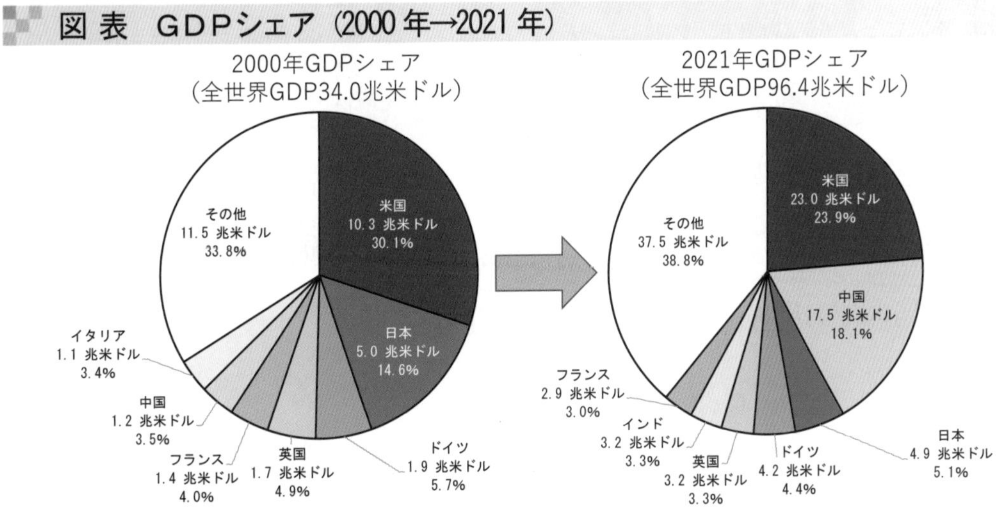

出典：ＩＭＦ「World Economic Outlook」

足元では、不安定な国際情勢による原油や穀物などの価格高騰、急速に進行した円安等を要因として、物価が継続的に上昇している。さらに、Web3[4]を含めたデジタルトランスフォーメーション（ＤＸ）やグ

---

1 総務省「人口統計」によると、わが国の生産年齢人口は1995年の8,726万人をピークに減少を続け、2021年には7,450万人となった。

2 国立社会保障・人口問題研究所「日本の将来推計人口（平成29年推計）」の中位推計値。

3 詳細は107頁TOPICS「賃金の国際比較」参照。

4 経済産業省「第30回産業構造審議会総会資料」（2022年５月）によれば、電子メールなど一方通行のコミュニケーションであったWeb 1.0、SNSが生み出され双方向のコミュニケーションが可能となったWeb 2.0に続き、Web 3.0は「ブロックチェーンによる相互認証、データの唯一性・真正性、改ざんに対する堅牢性に支えられて、個人がデータを所有・管理し、中央集権不在で個人同士が自由につながり交流・取引する世界」としている。

リーントランスフォーメーション（ＧＸ）の推進に伴う産業構造変革とそれらへの対応が急務となっている。

こうした状況の下、わが国経済が安定的かつ持続的な成長を実現していくために、企業が果たすべき役割は極めて大きい。各企業は、その規模や事業拠点にかかわらず、「人への投資」を起点としたイノベーションの創出を通じた労働生産性の向上を図り、その成長の果実を賃金引上げや総合的な処遇改善・人材育成として適切に分配していく必要がある。とりわけ、賃金引上げのモメンタムを維持・強化し、持続的な「成長と分配の好循環」の実現に寄与することが求められている。その鍵は、わが国の事業者数の９割超を占め、働き手の約７割を雇用する中小企業の賃金引上げとサプライチェーンにおける共存共栄の取組みを通じた環境整備に加え、雇用者の約４割に上る有期雇用労働者・パートタイム労働者（有期雇用等労働者）の処遇改善が握っている。多くの中小企業では労働組合や労使協議機関がなく、また、有期雇用等労働者が自身の処遇に対する要望を企業に伝える機会が得にくいなど、労使コミュニケーションへの懸念が指摘されている[5]。すべての企業が様々なレベルやチャネルを通じて、すべての社員との積極的なコミュニケーションに努め、適切な処遇改善につなげていくことが望まれる。

労働生産性の向上には、働き手の「エンゲージメント」[6]を高めながら、インプット（労働投入）の効率化を中心とする働き方改革「フェーズⅠ」の継続、アウトプット（付加価値）の最大化を図る「フェーズⅡ」の深化に取り組む必要がある。

---

[5] 詳細は106頁の脚注254参照。
[6] 詳細は5頁の脚注8参照。

加えて、人口減少下にあるわが国において、労働参加率をさらに高めながら、継続的にイノベーションを生み出していくためには、企業が性別や国籍、年齢、雇用形態などにかかわらず、多様な人材を受け入れ、その個性や強みを最大限活かし、イノベーション創出につなげていく「ＤＥ＆Ｉ（Diversity, Equity & Inclusion）」[7]の考え方を企業内に浸透させることが不可欠である。

ＤＸやＧＸの推進に伴う産業構造変革と労働需給の変化を見据えれば、成長産業・分野等への円滑な労働移動を通じたわが国全体の生産性の向上は喫緊の課題である。働き手・企業・政府の各主体がそれぞれ取組みを進めるとともに、離職や転職など労働移動に対する社会全体の意識・イメージを肯定的なものに変えていく必要がある。

わが国全体の活性化には、地方経済の観点からのアプローチが欠かせない。テレワークやワーケーション制度などコロナ禍を契機に浸透しつつある「場所にとらわれない働き方」は、その一助となる可能性を秘めている。こうした新しい働き方浸透の流れを一過性のものとせず、都市部の企業から地方の企業を中心とした人材の流れを創出することが、地方経済の活性化にもつながっていく。

物価上昇の流れが浸透しつつある現状、長く続いたデフレと低成長にピリオドを打つ絶好のチャンスともいえる。この機を捉えて「人への投資」をさらに促進し、イノベーション創出と労働生産性の向上などを通じて「構造的な賃金引上げ」と「分厚い中間層の形成」の実現に貢献していくことが、経済界・企業に対する社会的な期待であり、責務である。

---

[7] 「ダイバーシティ（多様性）」と「インクルージョン（包摂性）」を表す「Ｄ＆Ｉ」に、「エクイティ（公正性・公平性）」を付加した概念のこと。詳細は18頁「ＤＥ＆Ｉ（Diversity, Equity & Inclusion）の浸透」参照。

第Ⅰ部　雇用・人事労務管理に関する諸課題

1．エンゲージメントと労働生産性の向上に資する働き方改革

（1）エンゲージメントの重要性

急速な人口減少やグローバル化・デジタル化の進展、コロナ禍の影響等により、企業と働き手を取り巻く環境は大きく変化している。

こうした中、企業には、「人」を起点とするイノベーションの創出を図り、高付加価値の製品・サービスの提供等を通じて、収益の拡大と社会課題の解決、ひいてはSociety 5.0 for ＳＤＧｓの実現に向けて取り組むことが求められている。事業活動によって得られた収益は、働き手をはじめとするステークホルダーに適切に分配し、さらなる成長につなげる好循環を回していくことが重要である。

成長の実現には、インプット（労働投入）を効率化する働き方改革「フェーズⅠ」を継続しながら、アウトプット（付加価値）の最大化を図る「フェーズⅡ」を深化させて、労働生産性の向上を図っていくことが不可欠である。

図表1-1　エンゲージメントと労働生産性を高める働き方改革

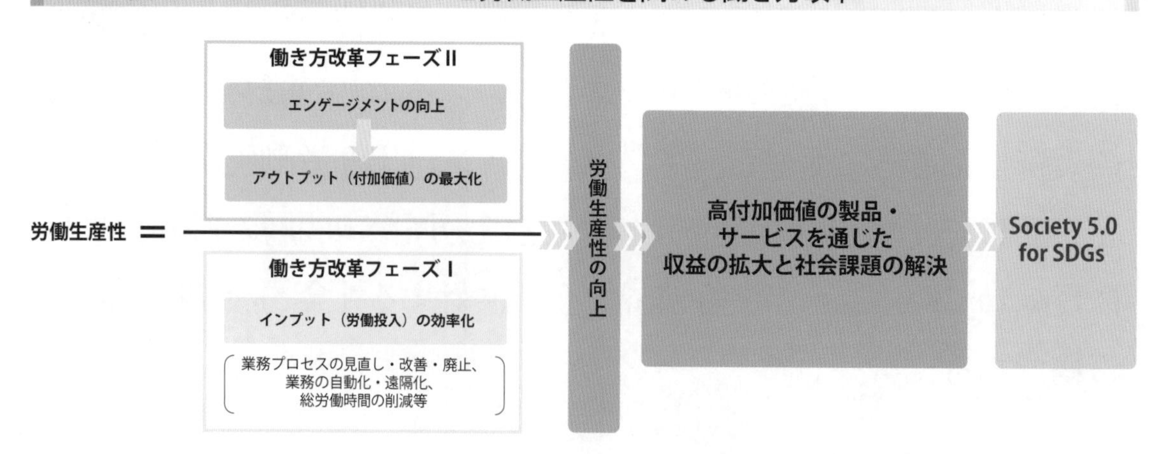

その鍵を握るのは、働き手の「エンゲージメント」[8]である。企業は、エンゲージメント向上に資する働き方改革の取組みを「人への投資」として位置付け、働き手と自社の持続的な成長を図る必要がある。

ミレニアル世代やZ世代を中心とする若年者のキャリア観の多様化、女性・高齢者・障害者など多様な人材の労働参加率の上昇、日本型雇用システムの見直しなど、企業と働き手の関係性は変化している。

企業は、多様な働き手の就労ニーズに対応した働き方やマネジメント、就労環境の整備、自社の存在意義や価値観の働き手との共有、働き手一人ひとりが成長を実感できる機会・支援の提供などにより、エンゲージメントをさらに高め、働き手から選ばれる企業・組織を目指すことが重要である。そこで、エンプロイアビリティ[9]の向上につながる仕事の提示や、働き手にできるだけ裁量を委ねる社風の醸成、評価に基づく処遇への適切な反映など、企業全体での取組みに加え、年代や雇用形態、部署、職種などの区分ごとにエンゲージメントの状況を把握[10]し、必要な対策を講じることが有効となる。

① 経営トップと働き手とのコミュニケーション

各種施策の推進は、経営トップからの情報発信や社員との積極的なコミュニケーションが基盤となる。働き手のエンゲージメントを高めるため、各企業は経営トップによる職場訪問・意見交換、社員とのタ

---

[8] 経団連では、「働き手にとって組織目標の達成と自らの成長の方向性が一致し、『働きがい』や『働きやすさ』を感じられる職場環境の中で、組織や仕事に主体的に貢献する意欲や姿勢を表す概念」と整理している。近年、エンゲージメントを高める観点から、①働く上で基盤となる心身の健康と社会的満足を満たす「ウェルビーイング」、②多様な人材の活躍促進を図る「DE＆I」（18 頁参照）、③自律的な業務遂行と成長を支援する「エンパワーメント」の各種施策に取り組む企業が増えている。

[9] 雇用され得る能力のこと。現在働いている企業だけでなく、それ以外の企業においても通用する能力を指す。

[10] 経団連「2022 年人事・労務に関するトップ・マネジメント調査結果」によると、社員のエンゲージメントの現状について、「高い層と低い層がある（まだら）」（53.5％）との回答が最も多い。これに「全体的に高い状況にある」（18.2％）、「わからない（調査していない）」（18.2％）、「全体的に低い状況にある」（10.2％）が続いている。

ウンミーティング、ビデオ等によるメッセージの発信などに取り組んでいる[11]。

中小企業においては、「社員がオンライン上でいつでも自由に意見を伝えられる環境を整えるとともに、経営トップが全社員に対して事業に関する考え方などを発信して情報開示に取り組んでいる」（サービス業）、「経営トップとの１on１を実施している」（印刷業）など、社員との距離感が近いメリットを活かした事例も参考にしながら、自社に適した施策の実施が望まれる。

② エンゲージメントを高める施策の改善に向けたサイクル

エンゲージメントを高める各施策について、イノベーション創出や労働生産性向上に寄与しているのか、その効果を測定・評価することが必要である。具体的には、①測定指標の設定、②エンゲージメントレベルの現状把握（社内アンケートの実施）、③結果の分析と阻害要因・課題の把握、④阻害要因を取り除く施策の実行、⑤施策の効果測定とイノベーション創出や労働生産性向上への寄与度の測定・評価の５つのステップによるサイクルを構築・実行することが基本となる。指標は必要に応じて見直すとともに、把握・分析した結果はできるだけ開示して、自社の強み・弱みを社内で共有し、企業全体で改善に取り組むことが有益である。

社員との対話を適宜実施して、サイクルを継続的に回していくことにより、働き方や業務改善などに関する率直な意見が集まりやすくな

---

[11] 経団連「2022 年人事・労務に関するトップ・マネジメント調査結果」によると、社員のエンゲージメントを高める施策として実施しているもの（複数回答）のうち、「社員と経営トップ・役員との対話」は74.6％であった。このうち、「（明確または一定の）効果がみられる」との回答がほとんどを占めた（97.3％）。効果がみられる具体的な実施方法（複数回答）としては、「ビデオやメールによるメッセージの配信」（77.9％）、「経営トップの職場訪問・意見交換」（77.0％）、「経営トップと社員（年代別など）のタウンミーティングの開催」（64.3％）の回答が多い。

る。企業は、こうしたサイクルを通じて、エンゲージメントのさらなる向上につなげていくことが求められる。

図表1-2　エンゲージメントを高める各施策の改善に向けたサイクル（イメージ）

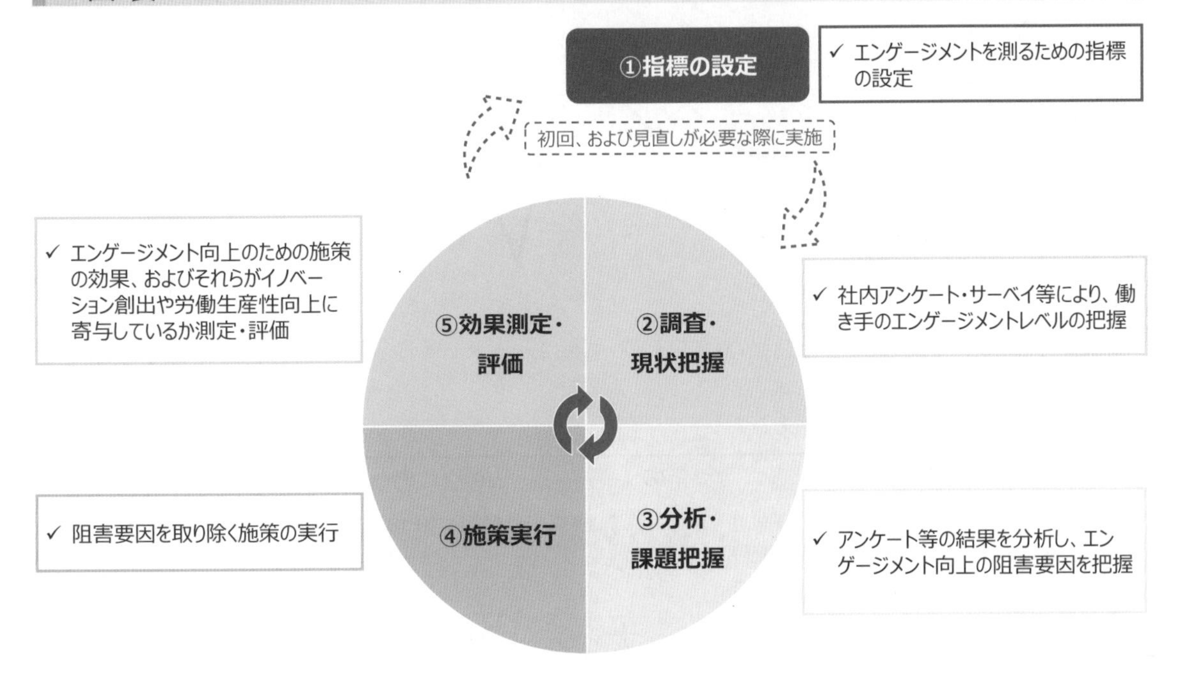

（２）働き方改革のさらなる推進

① 働き方改革フェーズⅠ

インプット（労働投入）を効率化する働き方改革「フェーズⅠ」は、過重労働による健康被害の未然防止、社員にとって働きやすい職場づくり、育児・介護や学び・学び直し、ボランティア等との両立、副業・兼業の促進といった様々な観点から重要性が増している。

わが国における一般労働者[12]の総実労働時間数は緩やかに減っている。特に、時間外労働の上限規制や年５日の年次有給休暇の時季指定義務を柱とする働き方改革関連法が施行された2019年４月以降、働き

[12] 「常用労働者」（①期間を定めずに雇われている者、②１ヵ月以上の期間を定めて雇われている者のいずれかに該当する労働者）のうち、「パートタイム労働者」を除いた労働者のこと。

方改革の進展と新型コロナウイルス感染拡大による影響によって[13]、年間の総実労働時間は大きく減少している。

図表1-3　一般労働者の年間総実労働時間

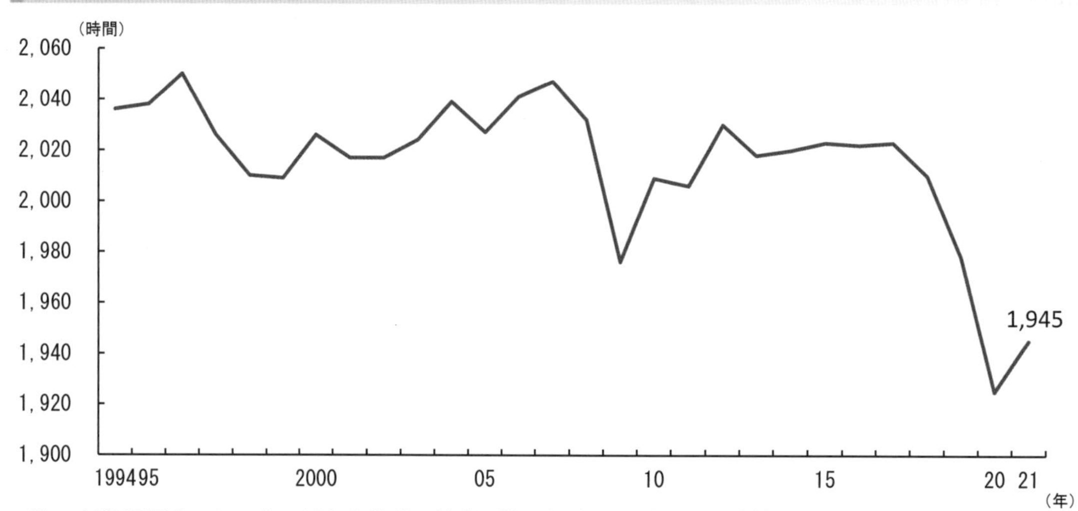

注：事業所規模5人以上、調査産業計。就業形態別総実労働時間の年換算値については、各月間平均値を12倍し、小数点以下第1位を四捨五入している。
出典：厚生労働省「毎月勤労統計調査」

他方、中小企業においては、大企業より労働時間が長く[14]、年次有給休暇の取得率も低い状況にある[15]。2023年4月からは、中小企業に対しても、月60時間を超える時間外労働に係る割増賃金率50%以上が適用されることから、一段ギアを上げて取り組むことが肝要である。

人手不足への対応に苦慮している多くの中小企業において、特に製造や販売、サービスなどの現場業務の労働時間削減は容易でない。しかし、そうした中であっても、例えば、オンラインのコミュニケーションツールを活用した情報共有や、機械操作の自動化による作業時間の削減・業務平準化、遠隔での製造工程の監視、測量・工事の進捗確認におけるドローン活用による作業時間の削減と業務の平準化、顔認

---

[13] 厚生労働省「令和4年版労働経済の分析」では、近年の労働時間の減少は、年次有給休暇の取得促進による年間出勤日数の減少、感染症の影響による所定内労働時間および所定外労働時間の減少を要因として指摘している。

[14] 総務省「労働力調査」によると、2021年の月末1週間の就業時間が60時間以上の雇用者の割合は、従業員数500人以上の企業で4.6%であるのに対し、30～99人の企業で4.9%、1～29人の企業で5.4%であった。

[15] 厚生労働省「就労条件総合調査」によると、2021年の労働者1人平均の年次有給休暇取得率は、従業員数1,000人以上の企業が63.2%であるのに対し、100～299人の企業が55.3%、30～99人の企業が53.5%であった。

証システムによる出退勤の自動打刻、建設現場のバックオフィス業務のリモート化、顧客と連携した物流情報のクラウド化（納品伝票の統一・情報の可視化）など、デジタル技術を活用した施策を実施している企業がある[16]。こうした取組みは、「働き方改革フェーズⅡ」（後述）の深化にも資するものであり、さらなる推進が期待される。

加えて、取組みの実効性を高めるには自社の実態に適ったものにする必要がある。地方別経済団体が主催するセミナーや、中小企業の好事例が掲載されている厚生労働省の特設サイト[17]、働き方改革推進支援センター[18]を活用することが望まれる。

図表 1-4　中小企業における労働時間削減、年次有給休暇取得率向上の事例

経営トップのメッセージ	多能工化	業務プロセス見直し・改善
社長自ら終業時間の18時に施錠することで定時退社を推進。また年次有給休暇の取得奨励日を月に３日設定。 残業時間は月平均４時間まで削減され、社員からは育児や資格試験の勉強ができると好評。 （沖縄県　建設業　社員数10～29人）	社員間の情報共有を最も評価する人事評価制度の導入により、属人化を解消し、多能工化を促進。 業務平準化に伴い残業時間はほぼ０時間に削減され、女性社員の採用も進んだ。 （群馬県　製造業　社員数50～99人）	各作業工程に係る工数を詳細に分析の上、時間がかかる要因に合わせて、適切な設備投資や個々の従業員への教育等、効果的な施策を実施。年間平均残業時間はほぼ０時間に削減。 （島根県　製造業　社員数30～49人）
デジタル技術の活用	**休みやすい風土の醸成**	**インセンティブ付与**
スマートフォン・ノートＰＣの支給により、どこでも事務作業ができ、顧客訪問時の直行直帰を可能にした。また、月末最終週を除き週３日のノー残業デーを設け、2016年度より残業時間を７割削減。 （大分県　ＩＴ　社員数30～49人）	２週間連続休暇や、各自で年１日設定できる記念日休暇等の制度を導入。また、社員が休暇をどう楽しんだかウェブ上に掲載する仕組みを作り、休暇取得のうしろめたさを払拭。年休取得率は2018年度から５割増加。 （東京都　製造業　社員数100～299人）	賞与に反映するポイント制を導入。定時帰宅すればポイントが付与され、残業すれば時間に応じてポイントが減る。同時に多能工化による業務の平準化を行い、残業時間は従前の半分以下に削減。 （石川県　製造業　社員数100～299人）

出典：厚生労働省「働き方改革特設サイト 中小企業の取り組み事例」をもとに経団連事務局にて作成

労働時間を産業別にみると、建設業や運輸業・郵便業で長くなっている[19]。建設業と自動車運転業務は、2024 年４月から適用される時間外労働時間の上限規制に対応する体制整備を進めているが、一業界・

[16] このほか、本社・現場・営業所間の連携にオンラインコミュニケーションツールを活用し、情報共有や作業指示に要する時間を大幅に削減した例や、オンライン会議や顧客情報の一元管理システムを活用し営業活動における移動や情報連携を効率化した例がある。

[17] 厚生労働省「働き方改革特設サイト 中小企業の取り組み事例」

[18] 働き方改革推進支援センターのサポートを受け、年次有給休暇の計画的付与制度や変形労働時間制を円滑に導入した例や、営業成績だけでなく労働生産性を高めた実績も賞与に影響する人事評価制度を導入した例、働き方改革推進支援助成金を活用して労働生産性を向上させた例などがある。

[19] 総務省「労働力調査」によると、2021 年の月末１週間の就業時間が 35 時間以上の雇用者に占める、週 60 時間以上の雇用者の割合は、全産業平均が 7.7％であるのに対し、建設業が 10.3％、運輸業・郵便業が 17.3％である。

一企業だけでは対応が難しい事情もある。例えば、建設業では、建設工事に従事する働き手の長時間労働の是正や週休２日実現などの環境整備には適切な工期の設定が重要であり、発注者・受注者の双方の責務として取り組むことが不可欠である。また、トラック輸送業界では、発荷主・着荷主による荷待ち時間の短縮等への協力が求められる[20]。

経団連としても、建設業やトラック輸送業に限らず、下請など中小企業との取引の適正化等を宣言する「パートナーシップ構築宣言」[21]への参画企業がさらに増えるよう、引き続き呼びかけながら、長時間労働につながる商慣行の是正を図っていく。

② 働き方改革フェーズⅡ

働き方改革フェーズⅡの深化に向けては、現場業務に従事する社員や有期雇用等社員といった多様な働き手に配慮しながら、エンゲージメントを高める施策に取り組んでいく必要がある。

多くの企業は、画一的な働き方やマネジメントから脱却しつつあり、職場での積極的なコミュニケーションや働き手の自律性を重視した多様で柔軟な働き方のさらなる推進に努めている。経団連の調査[22]によると、「目標や考課・処遇等に関する社員と上長との対話」や「企業理念・事業目的の浸透」「育児、介護、病気治療と仕事の両立支援」「業務のデジタル化の推進」「場所・時間に捉われない柔軟な働き方の推進」に取り組んでいるとの回答が多い。

---

[20] 厚生労働省は今後、労働基準監督署から荷主企業に対し、①長時間の恒常的な荷待ち時間を発生させないこと、②自動車運転業務における労働時間規制に関する改善基準告示を発注担当者に周知することを要請する。あわせて、省内サイトや運送会社への立ち入り調査で収集した情報をもとに、国土交通省とも連携し、荷主企業への働きかけを強めていくこととしている。

[21] 下請中小企業振興法の「振興基準」の遵守など望ましい取引慣行の実行を企業の代表者が宣言する取組み。現在、17,000社を超える企業が宣言を公表している（2022年12月現在）。経団連会員企業においては、約1,500社のうち、約3割にあたる約460社が宣言を公表している（2022年12月現在）。

[22] 経団連「2022年人事・労務に関するトップ・マネジメント調査結果」

このうち、コロナ禍への対応として急速に広がったテレワークは、ワーク・ライフ・バランスの実現や少子化対策にもつながり得る。各企業において、部署・職種の特性などを勘案しながら、出社とテレワークのベストミックスを見出し、働き手のエンゲージメントと生産性の向上を図っていく必要がある[23]。

加えて、働き手の安心・安全と健康の確保は、働く場を提供して事業を行う企業活動の基盤である。これを支える「健康経営」[24]を推進し、エンゲージメントを高めていくことが望まれる[25]。

図 表 1-5　実施しているエンゲージメントを高める施策（複数回答）

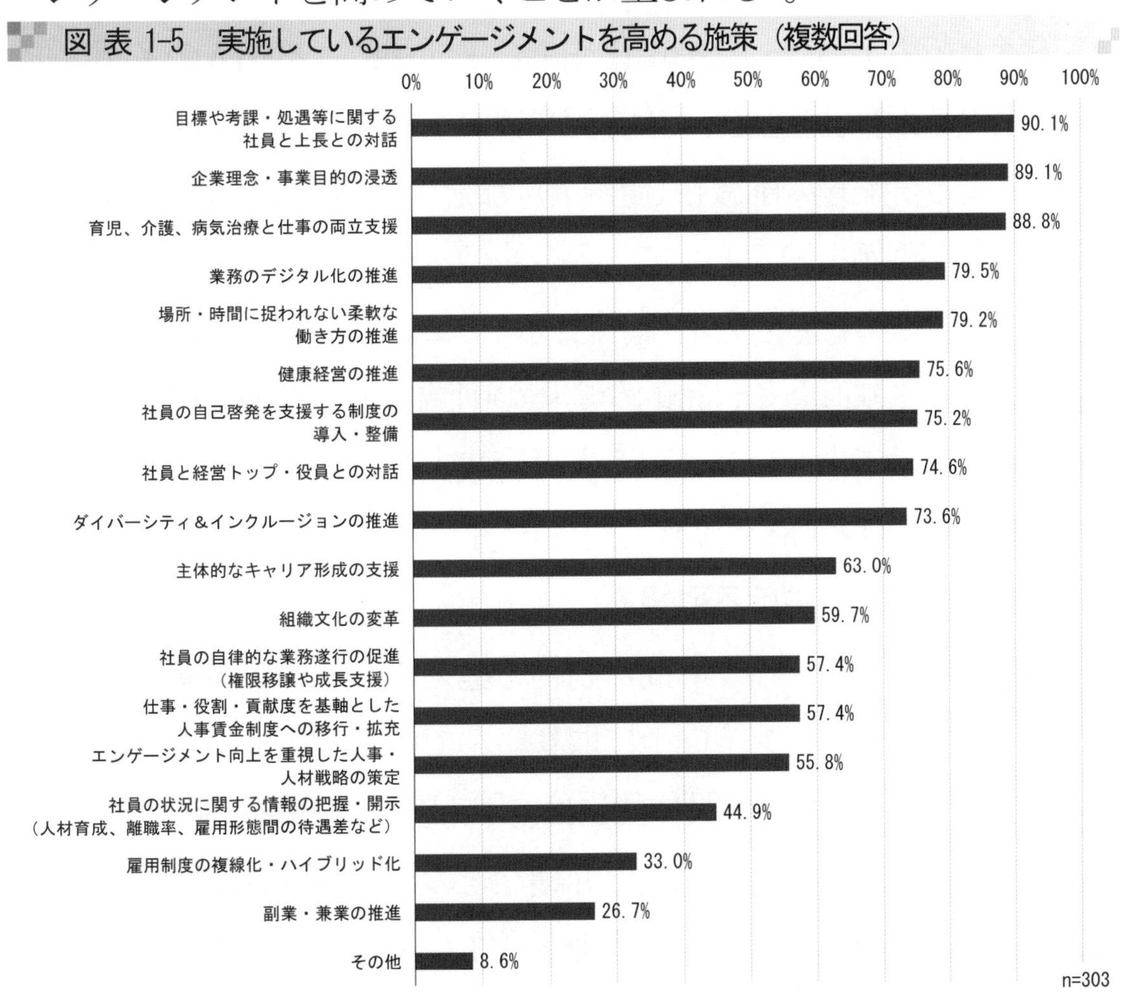

出典：経団連「2022年人事・労務に関するトップ・マネジメント調査結果」

---

[23] 詳細は70頁TOPICS「テレワークの現状と課題」参照。

[24] 「健康経営®」は健康経営研究会の商標登録。企業が社員の健康に配慮することによって、経営面においても大きな成果が期待できるとの基盤に立って、健康を経営的視点から考え、戦略的に実践することを意味している。

[25] 社会的に良好な状態であることを意味する「ウェルビーイング」の考え方を取り入れることも有益である。

（ａ）現場業務に従事する社員への対応

コロナ禍において、特に製造や販売、サービスなどの現場業務に従事する社員のエンゲージメントの維持・向上に重点を置いた取組みが不可欠である。テレワークなど柔軟な働き方の導入が難しい業種業態であっても、「キャリアビジョンや仕事を通じたスキルアップなどを社員と上司が話し合いながら目標を設定」（飲食業）、「サービス向上や業務改善の好事例を社員同士で共有」（宿泊業）、「顧客からの感謝の声を社員に伝えることによるエンゲージメント向上」（サービス業）、「物流事業者と荷主が連携した標準化やＩＣＴ活用による納入の多頻度化・小口化の是正」（運輸業）、「置き配やアプリケーションを活用した状況通知による再配達の削減」（運輸業）などの取組みが行われている[26]。

こうした事例を参考として、各企業は、現場業務に従事する社員の感染予防対策の継続とともに、社内コミュニケーションの活性化、不要な作業のやり直しや付帯的な業務の削減、ＩＣＴの活用による業務の自動化・効率化、ＤＸを担う人材育成支援などにより、エンゲージメントと生産性を高めていくことが望まれる。

（ｂ）中小企業における取組み

人材や資金、ノウハウの面で制約を抱えている場合が多い中小企業では、エンゲージメント向上に取り組んでいる同規模の事例を参考にすることが有益である。具体的には、「時間外労働や異動の有無を働き手が選択」（飲食業）、「子育て・介護などの期間中は勤務地や職務を限定して働ける制度を導入」（機械販売業）、「グループ内などでの副業・

---

[26] 経団連「2022 年人事・労務に関するトップ・マネジメント調査結果」によると、現場業務に従事する社員のエンゲージメントを高める施策として実施しているもの（複数回答）は、「表彰・報奨の実施」（88.8%）、「安全かつ効率的な就労環境の整備」（78.5%）、「自社の経営や事業の状況等に関する情報の共有」（76.0%）、「資格取得等を支援する施策の実施」（74.7%）、「経営トップや社員同士の対話の推進」（70.8%）などが多い。

兼業を推奨」（飲食業）、「社員にウェアラブル端末を配付して健康管理を支援」（サービス業）などの例が挙げられる。

また、サプライチェーンにおける大企業による取組みも不可欠である。政府が推進する「パートナーシップ構築宣言」に参画している企業では、ＩＣＴ活用による取引先の業務効率化への支援や、教育プログラム・施設の提供を通じた取引先の人材育成への協力のほか、下請企業に短納期の発注や急な仕様変更をしないように取り組んでいる例がある。経団連としても、引き続き、同宣言への参画と中小企業の経営環境整備に向けた支援等を呼びかけていく。

加えて、政府・自治体においては、生産性向上や働き方改革の取組みなどに対する公的支援[27]の継続的な実施・拡充を期待する。

（３）働き方改革の推進に資する労働時間法制

デジタル、グリーン、バイオ・ライフ、モビリティなど、産業横断的に新領域でのグローバル競争が激化していることを背景に、労働時間と成果が必ずしも比例しない仕事に従事する働き手が増えている。働き手は既存のノウハウに縛られず、専門性・創造性を発揮して成果を生み出す必要性が高まっている。しかし、現行の労働時間法制は、工場労働のような、大部分が労働時間と成果が比例する働き手を前提とした画一的な規制であるため、働き手の多様化に十分対応できておらず、イノベーション創出を阻害している可能性がある。働き方改革の鍵であるエンゲージメント向上のためにも、今こそ労働時間法制の見直しを行うべきである。

[27] 例えば、中小企業における労働時間の設定改善の促進を目的として、「働き方改革推進支援助成金」（厚生労働省）がある。生産性を高めながら労働時間の縮減等に取り組む中小企業・小規模事業者や、傘下企業を支援する事業主団体に対して助成している。①労働時間短縮・年休促進支援コース、②勤務間インターバル導入コース、③労働時間適正管理推進コース、④団体推進コースが設定されている。このほか、業務効率化や自動化のためのＩＴツールの導入をサポートする「ＩＴ導入補助金」（経済産業省）などがある。

とりわけ、裁量労働制は、使用者から具体的な指示を受けず、自律的・主体的に働き、あらかじめ労使で定めた時間を労働したものとみなす点で、労働時間と成果が必ずしも比例しない仕事に従事する働き手に適した制度であるといえる。

厚生労働省「裁量労働制実態調査」によると、適用労働者の約８割が「制度の適用に満足」あるいは「やや満足」と回答している[28]。また、労働時間は、裁量労働制の適用者の方が非適用者より１日で21分長いものの、最も懸念される働き手の健康状態については、制度適用による影響があるとはいえない[29]とされている。裁量労働制は、「適正に適用・運用すれば労使双方にとって良い制度」であるといえよう。

しかしながら、現状、制度適用者の割合は極めて低い[30]。その原因の１つに、企画業務型裁量労働制[31]の対象業務の範囲の狭さが挙げられる。そこで、働き手の健康確保を大前提に、①事業運営の企画、立案、調査および分析をした上で、その成果を活用し、実施状況の把握や評価のための業務までを一体的に行う「ＰＤＣＡ型業務」、②特定の顧客向け商品・サービスを企画、立案、調査および分析した上で、それに基づき開発・提案までの業務を行う「課題解決型開発提案業務」、③金融機関におけるコンサルタントの業務等を、裁量労働制の対象業務に追加すべきであると、労働政策審議会において主張してきた。

---

28 制度適用に対する満足度について、専門業務型では「満足」（41.3％）と「やや満足」（38.7％）の合計は80.0％であり、企画業務型では「満足」（45.1％）と「やや満足」（38.6％）の合計は83.7％となっている。

29 健康状態について、制度適用者の「よい」（32.3％）と「まあよい」（28.3％）の合計は60.6％。一方、非適用者の「よい」（30.0％）と「まあよい」（26.6％）の合計は56.6％となっている。

30 厚生労働省「令和４年度就労条件総合調査」によると、専門業務型裁量労働制の適用者割合が1.2％、企画業務型裁量労働制の適用者割合が0.2％であった。

31 ①事業の運営に関する事項についての業務、②企画、立案、調査および分析の業務、③当該業務の性質上これを適切に遂行するにはその遂行の方法を大幅に労働者の裁量に委ねる必要がある業務、④当該業務の遂行の手段および時間配分の決定等に関し使用者が具体的な指示をしないこととする業務の４つの要素を満たす業務について、対象業務を適切に遂行するための知識、経験等を有する労働者に適用することを労使委員会で決議した場合、適用が可能となる。

図 表 1-6　裁量労働制の対象業務として追加すべき業務の具体例

■ＰＤＣＡ型業務

（1）製造ラインの改善を推進する技術者（製造業）

- 機器製造メーカーの生産ラインにおける作業改善計画を立案（P）、計画に基づいて改善施策を試行実施（D）、結果を測定（C）、測定結果を踏まえて改善点を洗い出し、本格実施（A）する業務

（2）人事部門で働き方改革を推進する担当者

- 働き方改革を推進するため、新たな施策を立案（P）、経営層や従業員に説明した上で施策を実施（D）、新たな施策の定着状況を確認するとともに、うまく運用されていない場合は、その原因を洗い出し（C）、次なる改善につなげていく（A）業務

■課題解決型開発提案業務

（1）ＩＴシステムの開発提案業務（情報通信業）

- システム開発会社において、法人顧客のニーズを把握し、ハードウェア・ソフトウェア・サービスをそれぞれカスタマイズして組み合わせ、オリジナルのパッケージとして開発提案する業務

（2）製品および運用管理システムの開発提案業務（製造業）

- 車両製造メーカーにおいて、車両とＩＴサービスを組み合わせて、法人顧客における車両の使用状況や故障・修繕実績といった日々の膨大なデータを一元的に集積・共有化する総合運用管理システムを開発提案する業務

■コンサルタントの業務

(1)法人顧客の事業運営に関する考案・助言業務（金融業）

- 銀行/証券会社において、法人顧客等の事業運営に関する重要な事項について調査または分析を行い、合併・買収や事業承継、資金調達方法、ファイナンススキーム等の考案又は助言をする業務

その結果、①「ＰＤＣＡ型業務」と、②システム開発関連の「課題解決型開発提案業務」は、個別企業の業務ごとにみていくと、図表１－６の業務例なども、現行の規定においても対象業務となり得るものがあることが明確になる[32]とともに、銀行・証券会社における合併・買収・事業承継に関する考案および助言の業務が専門業務型に追加されることとなった。

今回の見直しでは、労働基準監督署への定期報告の頻度の削減や本社一括届出に関する手続きの簡素化が実現したが、専門業務型におけ

[32] 労働政策審議会労働条件分科会において、厚生労働省より「裁量的にPDCAサイクルを回す業務については、企画、立案、調査および分析の業務に係る現行解釈として、事業の運営に関する事項の企画、立案、調査および分析の業務の一環で情報の収集等を行うことは可能である」旨の答弁があり、そうした内容も踏まえ、労働法学者である公益委員より、「(使用者側委員の主張する) PDCA型業務は、企画、立案、調査および分析を主要な業務とするものであれば対象になり得る」旨の見解が示された。課題解決型開発提案業務についても、同公益委員より「具体例としてあがっている業務は、専門業務型のシステムエンジニアの業務とシステムコンサルタントの業務にまたがるものとして適用可能性がある」旨の見解が示された。厚生労働省からは、「専門業務型の複数の対象業務に該当する場合でも、労使協定の締結等をしていれば専門業務型裁量労働制の適用対象になる」旨の答弁があった。

る本人同意の取得や撤回（専門業務型・企画業務型）の要件化など、導入要件の一部見直し等も予定されている。そのほか、適正な制度の適用・運用を図るべく、実施が望ましい措置が新たに示される予定[33]であることから、すでに制度を導入している企業も含め、丁寧な対応が求められる（施行日は2024年4月1日予定）。

裁量労働制の導入企業は、制度趣旨に則った適切な適用・運用を行うことが重要である。例えば、①一定時間を超過した場合に制度の適用を解除する、②社内公表している制度ガイドラインを活用し、裁量性を確保することをはじめ制度の趣旨・目的を定期的に周知する、③制度適用者に対し一律の手当支給や基本給引上げ等[34]により相応の処遇を確保するなどといった、自社の実態に応じた様々な工夫が行われている。また、これらの取組みを適切に運用すべく、その状況等を労使で定期的に確認することも重要であり、設置・決議が要件となっている企画業務型だけでなく、専門業務型においても労使委員会を設置する等の取組みを行うことが望ましい。経団連は引き続き、好事例の収集・展開などを通じ、制度を活用する企業を広げていく。

加えて、各企業が経済社会や働き手の就労ニーズの変化を捉え、社員が活き活きと働いて能力を最大限発揮できる環境づくりに向け、今後も継続的に対応するには、裁量労働制における対象業務拡大の早期実現だけでなく、労働時間法制の見直しを不断に行う必要がある。

政府には、働き手の健康確保を大前提に、各企業が自社の実態に応じて、「労働時間をベースとする処遇」と、高度プロフェッショナル制

---

33 健康・福祉確保措置の複数措置の適用や、専門業務型においても労使委員会を設置・活用することが望ましいことなどが示されることとなった。

34 このほか、成果・業績次第で支給額が変動する賞与・一時金での裁量加算を行うことで、相応の処遇の確保ならびに成果等を反映した処遇を可能とする工夫をしている例がある。

度[35]をはじめとする「労働時間をベースとしない処遇」、さらには「仕事や役割・貢献度を基軸とする処遇」の組み合わせを可能とする労働時間法制への見直しに向けた検討が求められる。

---

[35] 高度の専門的知識等を有し、職務の範囲が明確で一定の年収要件を満たす労働者を対象に、労使委員会の決議および労働者本人の同意を前提として、所定の健康・福祉確保措置等を講ずることにより、労働基準法に定められた労働時間、休憩、休日および深夜の割増賃金に関する規定を適用しない制度のこと。厚生労働省「高度プロフェッショナル制度に関する報告の状況」によると、2022年３月末時点の適用労働者は665人であった。

2．ＤＥ＆Ｉ(Diversity, Equity & Inclusion)の浸透

わが国経済における持続的な成長の実現には、労働生産性の向上とともに労働参加率の上昇と処遇等の質的改善が不可欠である。企業は近年、そのために重要な「ダイバーシティ&インクルージョン（D&Ｉ）」の浸透に努めている。こうした中、「Ｄ＆Ｉ」に「エクイティ（E）」の概念を付加した「ＤＥ＆Ｉ」[36]が注目されている。企業・組織が多様な人材を受け入れ、働き手一人ひとりの個性や強みを最大限発揮できるよう、人権の尊重[37]と公正性・公平性の観点を踏まえながら、適切に「ＤＥ＆Ｉ」を浸透させていくことは、人材の確保・定着のみならず、働き手のエンゲージメント向上や継続的なイノベーション創出、ビジネスモデルの変革の観点からも極めて重要である。

図表1-7　「イコーリティ（平等性）」と「エクイティ（公正性・公平性）」のイメージ

出典：Robert Wood Johnson Foundation

[36] 明確な定義はなく、自社独自の概念で設定している企業もあるが、本報告書では「ダイバーシティ（多様性）」と「インクルージョン（包摂性）」を表す「D&Ｉ」に、「エクイティ（公正性・公平性）」を付加した概念と整理している。なお、エクイティは、すべての社員に区別なく同じ対応をとる「イコーリティ（平等性）」とは異なり、同じものや機会を提供されても、性別や国籍、年齢、障害の有無などの特徴やそれにまつわる何らかの理由で本来発揮されるべき能力の発揮が難しい人に対して、その状況に合った適切な支援や配慮を行うことで機会において等しくなるよう、その状況を改善することを意味している。

[37] 経団連は、国連「ビジネスと人権に関する指導原則」の周知と会員企業における自主的取組みの一層の推進を目的として、2021 年12 月に「企業行動憲章 実行の手引き 第4章 人権の尊重」の改訂とともに、「人権を尊重する経営のためのハンドブック」を策定した。

企業において引き続き、性別や国籍、年齢、障害の有無、雇用形態に加え、人種やＬＧＢＴＱといったテーマにおいても、個々人で異なる特性等を強く意識しながら、多様な人材が活躍できる環境を整備することが、人事労務管理での要諦といえる。

（１）女性

① 女性の就業状況・動向と課題

政府は「新しい資本主義のグランドデザイン及び実行計画」（2022年６月７日閣議決定）において、大企業を対象として男女における賃金の差異の開示義務を課す方向性を示し、2022年７月より女性活躍推進法の改正省令が施行された。これにより、常用労働者数301人以上の事業主は、事業年度終了後速やかに（概ね３ヵ月以内）、①全労働者、②正規雇用労働者、③非正規労働者それぞれについて、男女の賃金の差異（割合）を公表することとなった。その際、公表した数字が「一人歩き」してしまう懸念があることから、より詳細・補足的な情報を記載できる「説明欄」を積極的に利用し、自社の現状を正しく伝える工夫をすることが重要になる。

男女の賃金の差異は、女性の活躍に関する結果指標である。政府においても、わが国における男女間賃金差の要因を、第一に職階（管理職比率）、次いで勤続年数の違いであると分析している[38]。実際、管理職に占める女性の割合は、部長相当職で7.8％、課長相当職で10.7％、

[38] 厚生労働省「令和３年版働く女性の実情」によると、2021年の一般労働者（常用労働者のうち短時間労働者以外の者）の所定内給与額において、男性を100とした場合、女性が75.2となっている差について、学歴、年齢、勤続年数、役職の違いによって生じる賃金格差生成効果（女性の労働者構成が男性と同じであると仮定して算出した女性の平均所定内給与額を用いて比較を行った場合に、格差がどの程度縮小するかを見て算出）を算出すると、役職の違いによる影響が9.8と最も大きく、次いで勤続年数の違いによる影響が4.1と続くとしている。

係長相当職で 18.8%という状況にある[39]。また、正社員・正職員の平均勤続年数をみると、男性の 14.0 年に対して女性は 10.2 年と差があることが確認できる[40]。

女性の活躍を一層推進するには、出産・育児・介護等の事情によってやむなく退職することのないよう、まずは「働き続けられる環境の整備」、その上で管理職、さらに役員へ登用する人材を計画的に育成してキャリアパスの形成を支援する「タレント・パイプラインの強化」（後述）が鍵となる。

② 働き続けられる環境の整備

女性の活躍を推進するには、企業が明確な方針を打ち出し、経営トップが社内・外に示すとともに、自らが旗振り役となって推進体制を整え、具体的な施策を実行していくことが重要である。

これまで企業は、育児休業制度の充実等により、出産・育児期においても働き続けられる環境を整えてきた。その結果、女性の勤続年数は伸長したが、同時に、女性だけが育児期に就業を中断することになってしまった面も否定できない[41]。キャリアの中断は、本人の就労意欲にも大いに関係することから、今後は夫婦がともに仕事と育児等を行えるよう、企業としても支援する必要がある。例えば、2022 年４月か

---

[39] 厚生労働省「令和３年度雇用均等基本調査」。さらに、課長相当職以上（役員を含む）を企業規模別にみると、5,000 人以上 6.7%、1,000〜4,999 人 7.7%、300〜999 人 7.8%、100〜299 人 8.6%、30〜99 人 13.5%、10〜29 人 21.1%と、規模が小さくなるほど女性管理職比率は高い。また、日本・東京商工会議所「女性、外国人材の活躍に関する調査」（2022 年９月）によると、女性管理職比率０%の中小企業が 43.2%を占めている一方、女性管理職比率 30%以上の中小企業が 10.1%に上っている。

[40] 厚生労働省「令和３年版働く女性の実情」

[41] 内閣府「平成 30 年版男女共同参画白書」によると、わが国では、６歳未満の子どもを持つ夫の家事・育児関連に費やす時間（１日当たり）は 83 分であり、他の先進国（スウェーデン 201 分、米国 190 分、ドイツ 180 分）と比較して低水準にとどまっている。

ら義務化された育児休業等の「個別周知・意向確認」[42]を徹底することに加え、自社の育児支援制度全般を説明することなど、男性社員が育児について考え、行動を促す機会を設けることが望まれる。

中小企業においては、休業時における代替要員の確保の問題も発生しやすい。そこで、育児だけでなく、自身の病気や介護等で休みやすくするため、多能工化を進めることで対応している中小企業もある。

女性が働き続けられる環境整備は、育児休業の取得促進等に限られない。性別を問わず社員が仕事と家事・育児等の両立ができるよう、時間外労働の削減や柔軟な就労を支援する制度の構築・拡充のほか、仕事と不妊治療の両立を支援している事例や、事業所内保育施設を地域にも開放する取組みなども参考にしながら、各企業が自社の実情に適した対応を行っていくことが重要である。なお、仕事と育児との両立のためには、社員が安心して子どもを預けることができる保育の受け皿の確保が必要である。地域のニーズを踏まえたきめ細やかな対応、保育を支える人材の確保と質の向上が望まれる。

また、女性の活躍推進に向けた環境整備が進む一方で、税金や社会保険料等の自己負担を避けるために年間の就業時間や日数を調整して働く「就業調整」を行うケースが、配偶者のいる女性の有期雇用等労働者に多くみられ、その活躍を妨げていると指摘されている[43]。

こうした課題の解決を含め、女性の活躍推進は一朝一夕で成せられるわけではない。計画的かつ着実に取り組んでいくことが重要である。

---

[42] 改正育児・介護休業法では、本人または配偶者の妊娠・出産の申出があった場合、育児休業制度の内容、休業の申出先、育児休業給付に関すること、社会保険料の取扱いについて申し出た労働者に周知するとともに、育児休業取得の意向確認の実施が義務化された（2022年4月1日施行）。また、有期雇用労働者の育児・介護休業取得要件が緩和され、無期雇用労働者と同様となった（同日施行）。2022年10月1日には、女性の産後休業期間にあたる子の出生後8週間に4週間分を2回に分けて取得できる出生時育児休業（産後パパ育休）の施行や、通常の育児休業の分割取得（2回に分割して取得可能）が施行された。2023年4月1日から、従業員1,000人超の企業は、男性の「育児休業等の取得率」または「育児休業等と育児目的休暇の取得率」を年1回公表することが義務付けられる。

[43] 詳細は81頁TOPICS「就業調整の状況」参照。

③ タレント・パイプラインの強化

働き手のエンゲージメント向上や継続的なイノベーション創出のためには、経営のダイバーシティが不可欠であり、その一環として、女性の役員を増やすことが肝要である[44]。

上場企業の女性役員数は、2012年から2022年の10年間で約5.8倍に増えている。しかし、その割合は9.1%[45]と、諸外国の女性役員割合と比較すると依然として低い水準にとどまっている。

今後、役員となる女性を増やしていくためには、その候補となり得る部長層、課長層の育成といったタレント・パイプライン（組織の各階層・世代で途切れることなく後継人材を輩出するための仕組み）を強化していくことが不可欠である。

女性の各キャリアステージにおける育成の課題は、業種・業態で異なるが、「同性のロールモデルがいない」あるいは「仕事と家庭の両立が困難になる」など、共通している部分もある。経団連では、各キャリアステージにおいて課題に直面した職場が、より効果的な対策を講じることができるよう、女性役員向けのリーダーシップ・メンター・プログラムを実施しているほか、自前でプログラムを準備するのが難しい企業に対する階層別のセミナー・人材育成プログラムを提供している[46]。

---

[44] 経団連は「。新成長戦略」（2020年11月）において、「2030年に女性役員比率30%以上を目指す」との目標を掲げ、その達成に向けた具体的なアクションとして、2021年3月から「2030年30%へのチャレンジ ♯ Here We Go 203030」と題するキャンペーンを開始した。具体的には、経営トップに対し、①D＆Iを経営戦略に位置付けること、②取締役会において多様な視点を重視した業務執行やガバナンスを行うこと、③個々人のキャリアステージに応じたサポートを行うこと、④組織風土改革によりあらゆる社員のパフォーマンスの最大化を目指すことの4つの取組みへの賛同を呼びかけている。209社が賛同を表明している（2022年12月末時点）。

[45] 東洋経済新報社「役員四季報」調べ（2022年7月末時点）

[46] 経団連では、女性役員向けの「リーダーシップ・メンター・プログラム」、管理職・ダイバーシティ担当者向けの「ダイバーシティ・マネジメントセミナー」（内閣府と共催）、管理職を目指す若手女性向けの「経団連女性チャレンジ講座」（経団連事業サービスと共催）、理工系女性人材育成のための女子中高生向けの「夏のリコチャレ」（内閣府・文部科学省と共催）などを開催している。

また、多くの企業が「技能職や技術職の女性が不足している」との課題を抱えている。わが国では、理科系科目の成績が良い中高生の女性が多い[47]にもかかわらず、大学の理系学部を目指す女性は少数[48]となっていることが採用難につながっている。家族など周囲の固定観念や偏見で、職業選択の幅を狭めないために、幼少期から本人がフラットな状態で興味があることを見つけることができる環境が望ましい。企業は、小中学生向けの実験教室や高校生向けの理工系職場見学・仕事体験「夏のリコチャレ」等を活用し、理工系女性人材の育成に取り組む必要がある。

さらに、「リコチャレ」にとどまらず、自治体や学校と協力し、中小企業を含む地元企業が女子生徒等を継続的に受け入れ、将来を具体的にイメージした進路選択を支援することは、女性の活躍推進に寄与するとともに、受入れ企業の認知度向上にもつながる。

④ アンコンシャス・バイアスへの気づきと男性の意識改革

働き手の就労ニーズや生き方は多様化しており、これを包摂し活かしていく企業側にも意識改革が求められる。職場におけるアンコンシャス・バイアス（無意識の思い込み）は、経営者・管理者・同僚の誰もが、自身の経験や知識、価値観等によって無意識に形成しているものであり、気づかぬうちに相手の尊厳を傷つけてしまうこともある。性別に関するアンコンシャス・バイアスとしては、例えば「子育ては母親の仕事」という役割分担意識が、子育てへの配慮として、母親である女性社員の仕事に制限をかけて仕事を通じた成長機会を奪い、父

[47] 15歳を対象にした国際的な学習到達度調査であるＯＥＣＤ「Programme for International Student Assessment」（ＰＩＳＡ）の2018年調査によると、日本の女子の科学的リテラシー、数学的リテラシーの平均得点はそれぞれ528点、522点と、男子のＯＥＣＤ（37ヵ国）平均（科学的リテラシー488点、数学的リテラシー492点）を上回っている。
[48] 文部科学省「学校基本統計」（2021年度）によると、大学（学部）に占める女子学生の割合は理学27.8%、工学15.7%となっている。

親である男性社員の育児の機会を喪失させるなど、それぞれの職場・家庭での孤独感を高めるケースがある。男性と女性がともに充実感をもって育児と仕事とを両立させるためには、アンコンシャス・バイアスの克服が欠かせない。そこで、アンコンシャス・バイアスのチェックシートや事例集[49]、その他のツール[50]を活用し、働き手一人ひとりが自らのアンコンシャス・バイアスに気づく機会を提供することから始める必要がある。

一方、男性が妊娠・出産などライフステージごとの女性特有の心身や健康状態の変化を正しく理解し、その課題を克服しながらキャリアを形成することについて考えることも重要である[51]。キャリア形成や就労継続、家事・育児・介護等について、男性と女性が理解・協力し合うことで、エクイティは達成できる。

（２）外国人

① 外国人雇用の現状

わが国における外国人就労者数（2021年）は172.7万人と、外国人雇用状況の届出が義務化された2007年以降、過去最高であった。しかし、新型コロナウイルスの感染拡大による外国人の新規入国の抑制等の影響から、対前年増加率は0.2%と鈍化している[52]。

---

[49] 内閣府男女共同参画局がとりまとめた、性別による無意識の思い込み（アンコンシャス・バイアス）に関するチェックシート・事例集。

[50] 経団連はUniversity of Creativityと共同で、各界の第一線で、ＤＥ＆Ｉの観点を重視し活躍している人たちにインタビューを行い、日常の中にあるアンコンシャス・バイアスに気づくとともに、多様性をイノベーションにつなげていくヒントを探る動画の配信を行っている（ＤＥ＆Ｉ啓発動画シリーズ「JOINnovator！」（毎週木曜YouTube配信、全20回程度））。

[51] 経団連では、「心身的課題」と「社会的課題」の両方から女性一人ひとりの“Well - Living”をデザインするプロジェクト「W society」主催のライフデザインセミナー「W school」を後援している。

[52] 厚生労働省「外国人雇用状況の届出状況」（2021年10月末現在）。在留資格別にみると「身分に基づく在留資格」が最も多く、次いで「専門的・技術的分野の在留資格」「技能実習」が多い。前年比でみると、「特定活動」「専門的・技術的分野の在留資格」の増加率が大きく、「技能実習」「資格外活動」の減少率が大きかった。国籍別では、ベトナム（約45.3万人）、中国（約39.7万人）、フィリピン（約19.1万人）の順に多い。

ポストコロナを見据え、急速に進行した円安の下、わが国は国際的な人材獲得競争で厳しい状況にある。こうした中、外国人材を単に労働力不足への対応として受け入れるのではなく、わが国の産業競争力の強化と持続的成長に必要な人材を戦略的かつ積極的に「誘致する」政策に転換しなければならない[53]。特に、高度人材の戦略的な誘致は不可欠である。高度なスキル等を有する外国人材から、わが国が魅力的な働く場所と認識してもらえるよう、人材の確保・定着において競争力をもった賃金水準など処遇の設定・提示といったインセンティブと受入れ環境の整備が不可欠である[54]。

あわせて、労働力不足が深刻化する業種においては、現場を支える人材の受入れ拡大と活躍推進が必要である。そのため、在留資格「特定技能」[55]では受入れ規模や対象分野の拡大を、技能実習制度では優良な受入企業に対する手続きの簡略化など優遇措置の検討が求められる[56]。

---

[53] 詳細は経団連「Innovating Migration Policies 2030年に向けた外国人政策のあり方」（2022年2月）参照。

[54] 例えば、厚生労働省「外国人雇用サービスセンター」（東京・名古屋・大阪・福岡）では、日本での就労を希望する高度外国人材（留学生、専門的・技術的分野）への職業相談・職業紹介を行っている。外国人留学生向けには就職ガイダンスやインターンシッププログラムの提供、就職面接会の開催など、外国人を雇用する企業に対しては雇用管理に関する指導・援助を実施するなど、外国人雇用に関する総合窓口として機能している。また、全国のハローワークとオンラインシステムでつながっており、登録データの中から求人の検索が可能である。

[55] 生産性向上や国内人材確保のための取組みを行ってもなお深刻な人手不足である分野において、一定の専門性・技能を有し即戦力となる新たな外国人材の受入れを可能とする在留資格のこと。2019年に創設された。なお、2022年6月末現在で「特定技能」1号在留外国人数は87,471人となっている。

[56] 経団連「Innovating Migration Policies 2030年に向けた外国人政策のあり方」（2022年2月）では、法令違反の少ない受入企業かつ企業単独型との条件の下、手続書類の大幅な削減と審査の迅速化を行うべきと提言している。

図表1-8　外国人就労者数の推移

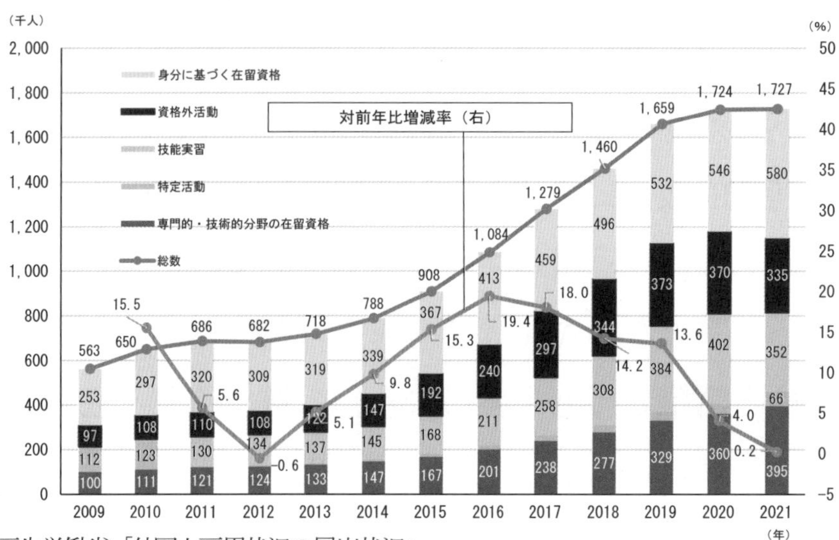

出典：厚生労働省「外国人雇用状況の届出状況」

② 人権尊重の経営とサポートの必要性

外国人材の受入れ拡大と活躍推進を図る上で、まずは人権を尊重する経営の実践が不可欠である。外国人材を受け入れる企業は、外国人材への支援と在留・雇用管理を適切に行うとともに、労働法令の遵守の徹底はもとより、人権デュー・ディリジェンス[57]を適切に実施しなければならない。また、技能実習制度においては、人権侵害等の不適切事例の撲滅に向けて、外国人技能実習機構等の関係団体の機能強化などが必要である。

加えて、受け入れた外国人材を日本での生活者・住民として、しっかりとサポートするための体制を構築・拡充し、外国人材を労働市場や地域社会に包摂するための環境の整備が極めて重要である。とりわけ、日本で暮らす外国人材が安定かつ安心して生活を営めるよう、その家族を含めた支援策を適切に講じていくことが望ましい[58]。企業においては、例えば、外国人材の受入れ拡大に伴い、日本語指導が必要な

57 企業が自らの事業活動に関連して、人権への負の影響を回避、軽減、対処するための取組みのこと。自社だけでなくサプライチェーンにおける外国人労働者も対象に含まれる。

58 中小企業（建設業）において、外国人技能実習生や特定技能者を積極的に受け入れ、技能教育や日本語教育はもとより、生活面の支援にも取り組んだ結果、全国初の在留資格「特定技能2号」取得者を輩出した事例がある。

外国人の子ども世代が増えている[59]ことから、自治体やＮＰＯなどと連携しながら、日本語教育等の支援に取り組むことが考えられる[60]。

外国人材の受入れや活躍推進に必要な取組みは、人権の尊重やＤＥ＆Ｉへの対応など、外国人だけでなく、わが国社会に共通する課題を多く反映しているともいえる。

また、わが国で働く外国人の多くが、中小企業で雇用されている中[61]、政府や自治体、地域社会、外国人を雇用する企業が一体となって、さらに取組みを進めていくことが求められる。

（３）若年者

若年者の早期離職率は高い水準で推移している。厚生労働省の調査によれば、大学卒業者の就職後３年以内の離職率は、1995 年に 30％を上回って以降、2009 年を除くすべての年で 30％台となっている。また、規模が小さいほど、就職後３年以内の離職率が高い傾向がみられる[62]。

---

[59] 文部科学省「日本語指導が必要な児童生徒の受入状況等に関する調査（2021 年度）」によると、日本語指導が必要な外国籍の児童生徒数は 27,013 人（2012 年度）から 47,627 人（2021 年度）に増加している。

[60] 社員寮の一室を教室として提供し、社員が海外赴任経験やこれまでに培った知識・スキルを生かし、講師アシスタントを務めるなど、寄付だけでなく、場所や人の提供も含め、外国人児童への日本語学習支援を行っている取組み事例がある。詳細は経団連「2023 年版春季労使交渉・労使協議の手引き」（企業事例「外国人児童への日本語学習支援」）参照。

[61] 厚生労働省「外国人雇用状況の届出状況」（2021 年 10 月末現在）によると、外国人を雇用している事業所のうち、100 人未満の事業所が全体の 79.0％を占めている。また、100 人未満の事業所が雇用している外国人労働者数は、全体の 54.9％を占めている。また、日本・東京商工会議所「女性・外国人材の活躍に関する調査」（2022 年９月）によると、中小企業の外国人材の受入れに係る課題について、受入れ経験がある企業では「日本語による円滑なコミュニケーションが困難」（47.9％）が最も多く、受入れ経験がない企業では「受入れ・採用に関するノウハウの不足」（51.0％）が最も多くなっている。

[62] 事業所規模別の３年以内離職率（2019 年３月大学卒）は、５人未満 55.9％、５～29 人 48.8％、30～99 人 39.4％、100～499 人 31.8％、500～999 人 29.6％、1,000 人以上 25.3％となっている。

図表 1-9　大学卒業者の就職後3年以内離職率の推移

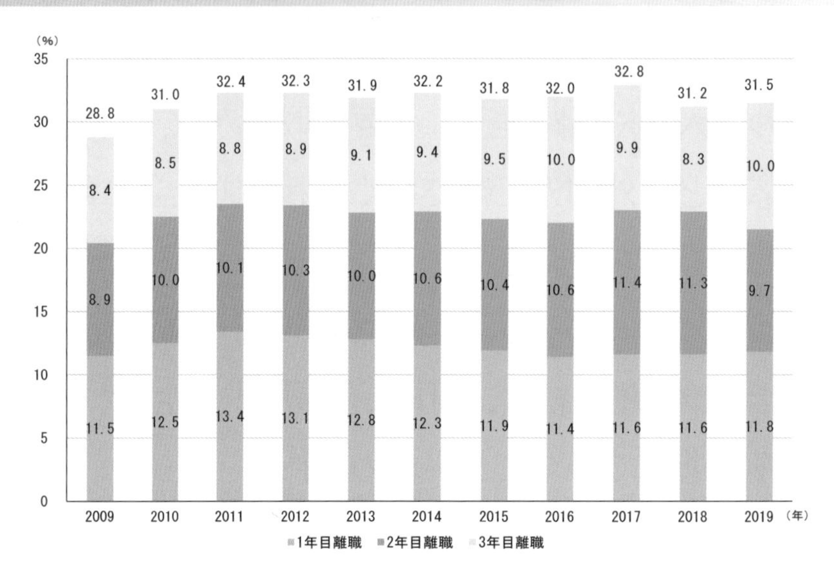

出典：厚生労働省「新規学卒者の離職状況」(2022年10月)

若年者における早期離職率の高さは、他の世代に比べて労働移動が生じている結果とも捉えられる一方、若年者の仕事やキャリアに対する考え方、就労観が多様化していることに、企業が十分に対応できていない面も否定できない。学生を対象にした労働価値観に関する調査によると、「出世・昇進のために働くこと」「より高い報酬を得るために働くこと」が重要との回答が一定割合を占める一方、「自分の能力やスキルを活かすために働くこと」「興味・好奇心を追求して働くこと」が重要との回答が多くなっている。内的報酬をより重視する傾向が強まってきている。

また、やりたい仕事であれば、仕事以外の時間が削られることや、体力的あるいは精神的にきつくなることは「仕方ない」と考える学生は4割未満となっている。こうした仕事に対する考え方などを踏まえた対応が求められる。

図表1-10　就業継続の意思決定に影響を与える労働価値観

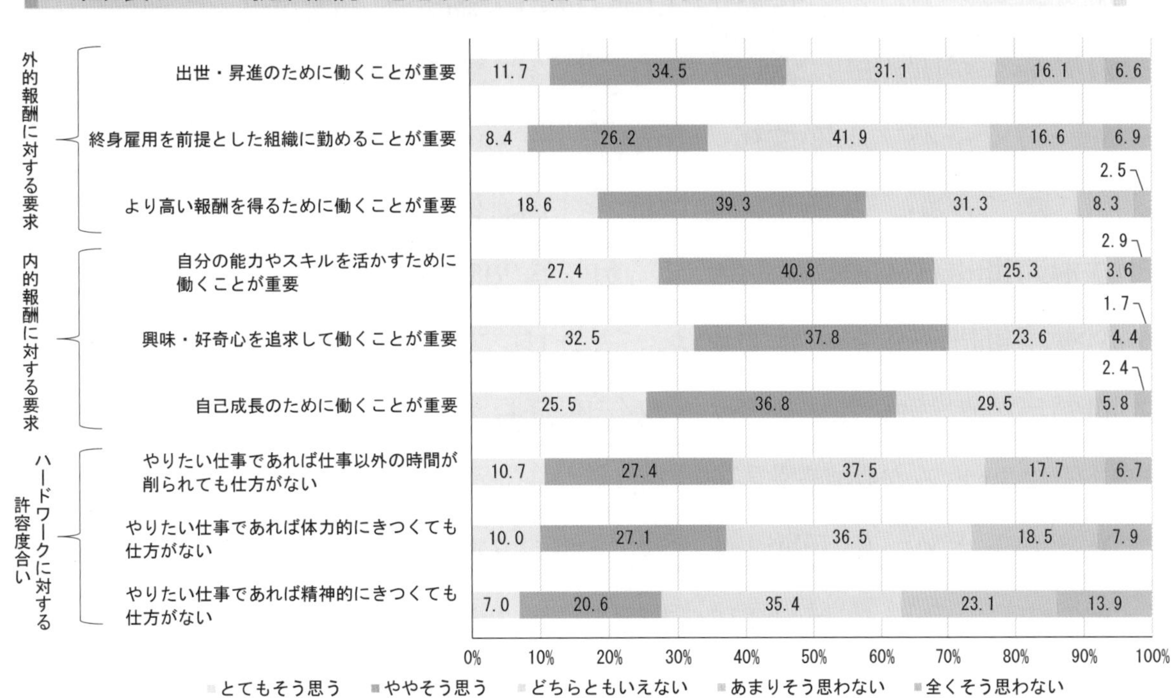

出典：日本総合研究所「若者の意識調査（報告）」（2020年8月）

企業は、Ｚ世代など多様な就業意識・価値観をもった若年者から選ばれる組織・職場を作り、若年社員のエンゲージメントを高め、能力発揮やパフォーマンス向上につなげていく必要がある。具体的な対応策としては、従事する仕事・職務を入社前に提示するジョブ型採用や職種別・コース別採用、通年採用など採用方法の多様化、社内公募制・フリーエージェント制の導入・拡大、キャリア形成・リカレント教育等[63]の支援、テレワークなど時間と場所にとらわれない柔軟な勤務制度の設定・拡充、副業・兼業の推進などが考えられる[64]。

また、若年者の活躍を推進する前提として、安定的に就業の場・機会を提供していくことが重要である。コロナ禍においても、新卒採用

[63] リカレント教育等の定義については、48頁脚注114参照。

[64] 高い離職率に悩んでいた中小企業において、企業理念とビジョンを社員に明示するとともに、この点を強調した採用説明会や企業理念・ビジョンへの共感を重視した採用選考を行ったほか、若年社員主体の公募制プロジェクトを導入したところ、ピーク時に27％であった離職率が直近5年間で０％となった例がある。

など企業における若年者の採用意欲は継続して高く[65]、わが国の若年者の失業率が国際的に低い大きな要因となっている[66]。

一方で、バブル崩壊後の一定期間、新卒者を中心に採用を大幅に抑制したことが、就職氷河期世代を生み出した一因といわれている。就職氷河期世代支援については、政府が2020年度からの３年度を集中的な支援期間と定めて取り組んできた中、コロナ禍等の影響によって所期の目標の達成が見込めず、２年度延長することを決定している[67]。同世代に対する公的職業訓練の充実など政府による継続的な取組み・支援はもとより、経団連としても「第２の就職氷河期世代を作らない」との決意の下、中長期的な視点に立った若年者等の採用活動の実施、就職氷河期世代を含めた採用の検討等を会員企業へ呼びかけていく。

ところで、新卒一括採用における就職・採用活動に関する日程ルール[68]について、2024年度に卒業する学生（現大学２年生）に対しては現状維持が確認されている。一方、2025年度以降に卒業する学生（現大学１年生）に適用される日程ルールについては、検討を速やかに進めるとされており、今後の動向に注視する必要がある[69]。

---

[65] リクルートワークス研究所「第39回ワークス大卒求人倍率調査（2023年卒）」（2022年４月）によると、2023年３月卒の大卒求人倍率は1.58倍で、コロナ前（1.80倍前後）には及ばないものの、高い水準を維持している。

[66] 労働政策研究・研修機構「データブック国際労働比較2022」によると、2020年の若年者（15歳～24歳）の失業率について、日本4.6％に対し、ドイツ7.2％、英国13.6％、米国14.9％、フランス20.1％、イタリア29.4％となっている。

[67] 2022年５月に開催された「第４回就職氷河期世代支援の推進に向けた全国プラットフォーム」において、2020年度からの３年間で就職氷河期世代の正規雇用者を30万人増やすとの目標に対して、2021年度終了時点では３万人の増加にとどまっていることが報告された。

[68] 2020年度に卒業する学生に適用されるものから、政府の「就職・採用日程に関する関係省庁連絡会議」で決定している。「３月１日広報活動開始、６月１日採用選考活動開始、10月１日以降正式な内定」となっている。

[69] 政府「第９回就職・採用活動日程に関する関係省庁連絡会議」（2022年11月30日）で取りまとめられた「2024年度卒業・修了予定者の就職・採用活動日程に関する考え方」において、2025年度（2026年３月）の卒業・修了予定者の就職・採用活動日程について、「学生の学修時間の確保に十分留意しつつ、通年採用・経験者採用の拡大など企業における採用・キャリアパスの多様化・複線化の進展（中略）なども踏まえながら、専門性の高い人材に関する採用日程の弾力化を含め、検討を速やかに進める」とされた。

（４）高齢者

① 高齢者雇用の現状

生産年齢人口が減少する中、わが国の高齢者の就業率は高く、60～64歳で７割超、65～69歳で５割を超えている。また、高年齢者雇用安定法（以下、高齢法）による「65歳までの雇用確保措置」の実施状況は99.9％（規模計）、2021年４月施行の改正高齢法で努力義務とされた「70歳までの就業確保措置」の実施状況は27.9％（同）となっている[70]。規模別では、大企業（301人以上）が20.4％、中小企業（21～300人）が28.5％と、中小企業の方が進展している[71]。

今後も、働き手側の高い就労意欲[72]、企業側の高齢社員への就業継続ニーズと期待する役割等の増大、改正高齢法への対応の進展などを背景に、高齢者雇用はさらに進んでいくことが見込まれる。

図表1-11　高齢者の就業率の推移（2011～2021年）

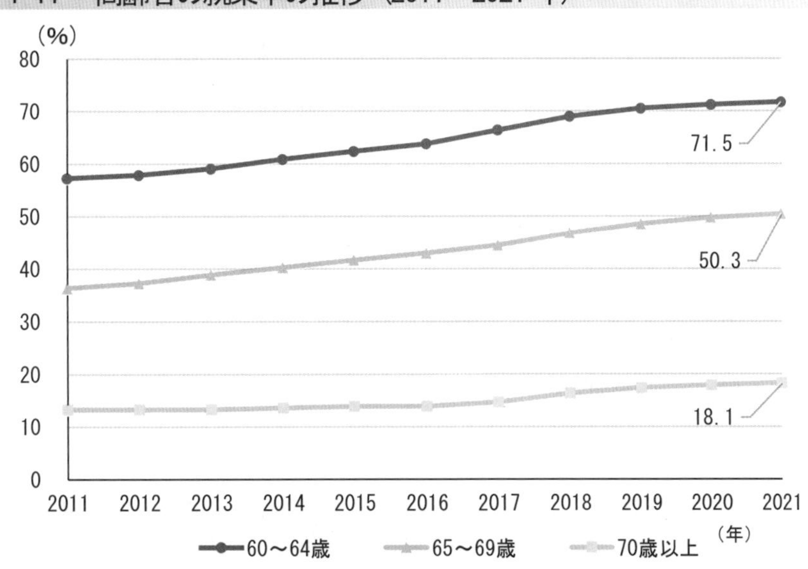

出典：総務省「労働力調査」（2022年２月）をもとに経団連事務局にて作成

---

[70] 厚生労働省「令和４年高齢者雇用状況等報告」（2022年12月）によると、「65歳までの雇用確保措置」「70歳までの就業確保措置」の実施措置の内訳として、定年後も引き続き雇用する「継続雇用制度の導入」がいずれも最も多く、各々７割を超えている（70.6％、78.2％）。

[71] 厚生労働省「令和４年高齢者雇用状況等報告」（2022年12月）

[72] 内閣府「高齢者の経済生活に関する調査」（2019年度）によると、現在収入のある仕事をしている60歳以上の者のうち36.7％が「働けるうちはいつまでも働きたい」と回答しており、70歳くらいまでまたはそれ以上との回答と合計すると、87.0％が高齢期においても高い就労意欲を持っている。

② 活躍推進における課題

高齢者の就業率が高い一方で、活躍推進にあたっては、モチベーションとパフォーマンスの低さ[73]、マネジメントの困難さなど、様々な課題が指摘されている[74]。高齢社員のモチベーションを高めることを通じて、そのパフォーマンスを上げ、労働生産性の向上を図ることが求められる。定年後も同じ企業で働く高齢社員が大勢を占めている現状を踏まえ[75]、そのモチベーションとパフォーマンスの向上の課題として、大きく、以下の３つが考えられる。

第一は、職務の内容である。これまでと同じ職務あるいは同じ職務で役割や職務範囲を変更する場合が多い[76]。しかし、異なる職務に就いた場合、新たな職場環境や職務等に適応できないことや、これまで培った能力やスキル、経験を活かしにくいことを理由に、当該高齢社員のモチベーションが低下している可能性がある。

第二は、賃金水準の変更である。定年前後で職務の内容・量および責任の範囲が大きく変わらないにもかかわらず、公的給付との支給調整[77]を前提に、賃金水準が低く設定されているケースが多い。その結果、担っている職務や役割等と賃金水準との乖離が生じている。

第三は、人事評価の実施・運用である。人事評価は本来、働いている社員全員を対象に実施した上で、本人にフィードバックするととも

---

[73] 経団連「2022年人事・労務に関するトップ・マネジメント調査結果」によると、自社の高齢社員のモチベーションに課題を感じている企業割合は、60～64歳で78.6％（「大いに感じている」「やや感じている」の合計）、65歳以降で49.8％（同）であった。

[74] パーソル総合研究所「企業のシニア人材マネジメントに関する実態調査」（2020年12月）によると、シニア人材に対する具体的な課題感として、「モチベーションの低さ」「パフォーマンスの低さ」「現場のマネジメントの困難さ」「報酬・処遇の適正化」「健康上の配慮」が上位にあがっている。

[75] 厚生労働省「令和４年高齢者雇用状況等報告」（2022年12月）によると、過去１年間に60歳定年に到達した者のうち、継続雇用された者は87.1％（うち子会社・関連会社等での継続雇用者は2.7％）、継続雇用を希望しない定年退職者は12.7％、継続雇用を希望したが継続雇用されなかった者は0.2％であった。

[76] 経団連「2022年人事・労務に関するトップ・マネジメント調査結果」によると、59歳時の職務内容と「同じ職務（役割や範囲も変わらず）」が26.9％、「同じ職務において、役割や職務範囲等を変更」が54.6％となっている。

[77] 雇用保険の高年齢雇用継続給付の支給要件、厚生年金保険の在職老齢年金の支給停止額などが挙げられる。

に、処遇へ適切に反映することが基本である。しかし、高齢社員に対して人事評価を実施していない企業があるほか、実施してもフィードバックや処遇に反映しない場合が一定数みられる[78]。

③ 課題解決に向けた方策

第一の「職務の内容」では、まず、高齢社員の能力やスキル、経験を活かせる職務や役割かを検討し、当該高齢社員と十分に意思疎通を図ることが望まれる。その上で、職務内容を変更する場合は、変更に伴って必要となる能力・スキルを付与するため、セミナーや研修などの教育訓練の実施、自己啓発費用の補助などの支援が必要である[79]。

第二の「賃金水準の変更」については、均等・均衡待遇への対応、2025 年に予定されている雇用保険の高年齢雇用継続給付の制度変更[80]なども踏まえ、高齢社員の職務・役割や賃金水準の適正化を図らなければならない。その際、定年前後の賃金水準だけでなく、自社の賃金カーブ全体を再設計する必要がある場合も考えられる[81]。

第三の「人事評価制度の実施・運用」では、評価を未実施である企業や、実施済の企業において適切に運用していない場合は早急に改善を検討すべきである。被評価者へのフィードバックの内容や評価結果の処遇への反映方法など、必要に応じて見直すことが求められる。

---

[78] 経団連「2022 年人事・労務に関するトップ・マネジメント調査結果」によると、企業が高齢社員のモチベーション維持・向上のために「既に実施している」施策（複数回答）として、「人事評価の実施」は60～64 歳で79.8%、65 歳以降で56.8%であった。このうち、評価結果の活用方法（複数回答）では、「本人へのフィードバック」が最も多く、60～64 歳で80.6%、65 歳以降で81.2%、次いで「賞与・一時金への反映」が60～64 歳で79.9%、65 歳以降で69.3%となっている。

[79] 厚生労働省「令和３年度能力開発基本調査」によると、年齢別のＯｆｆ－ＪＴの受講者は、「20～29 歳」（43.4%）、「30～39 歳」（32.7%）、「40～49 歳」（28.9%）、「50～59 歳」（25.0%）、「60 歳以上」（17.2%）と、年齢が高くなるほど受講率が低い。自己啓発の実施状況も、「20～29 歳」（43.9%）、「30～39 歳」（41.6%）、「40～49 歳」（35.4%）、「50～59 歳」（32.1%）、「60 歳以上」（21.5%）と同様の傾向を示している。

[80] 60 歳以上 65 歳未満の雇用保険被保険者の賃金が、60 歳時点と比較して 75%未満となった場合に支給される給付金のこと。2025 年４月から、高年齢雇用継続給付の給付率が現行の 15%（最大）から 10%（同）に縮小される。

[81] 例えば、定年年齢である 60 歳まで上昇した後に定年後継続雇用時に大幅に減少する賃金カーブを見直し、65 歳まで定年を引き上げるとともに、50 代前半まで上昇した後、後半から 60 歳まで緩やかに下降し、60 歳時点の水準が 65 歳まで続く賃金カーブに再設計した事例がある。

いずれの課題においても、高齢社員と時間をかけて話し合い、当該高齢社員の納得を十分得ておくことが何より大事である。また、加齢に伴って個人差が総じて大きくなることから、高齢社員自身の健康状態はもとより、家族の介護など、個々人の状況やニーズに対応できる柔軟な勤務制度の整備なども求められる[82]。さらに、定年前の早い段階から、個別相談や研修・セミナーの実施など高齢期を見据えたキャリア教育を行い、意識改革を促していくことも有益である。あわせて、加齢に伴う身体機能の衰え等によって「転倒」や「墜落・転落」等の労働災害に遭いやすい傾向にあることから、高齢社員の安全と健康を確保した職場環境の整備も欠かせない[83]。

人口減少社会のわが国においては、高齢社員が有する能力や知識、経験などを同一企業にとどまらず、社会全体で活用していくことが、高齢社員の活躍の場をさらに広げる意味でも重要である。

こうした観点からは、改正高齢法で新設された「創業支援等措置」の導入・活用が今後期待される[84]。政府には、先行事例の収集やその周知活動とともに、就労や社会貢献を希望する高齢者と企業・ＮＰＯ法人等とのマッチングの強化[85]を求めたい。

---

[82] 中小企業では、定年再雇用後の勤務形態について、短時間・短日数勤務やフレックスタイム制に加え、通院が必要な際の出勤日振替など、個々人のニーズに合わせた柔軟な選択を可能としている事例がある。

[83] 厚生労働省「令和３年労働災害発生状況」によれば、労働災害による休業４日以上の全死傷者数14万9,918人のうち、60歳以上は３万8,574人と約４分の１を占める。また、60代後半男性の墜落・転落災害発生率は20代男性の約４倍、60代後半女性の転倒災害発生率は20代女性の約16倍に上る。厚生労働省「高年齢労働者の安全と健康確保のためのガイドライン（エイジフレンドリーガイドライン）」(2020年３月）では、事業者と労働者に求められる具体的な取組み事項を示しており、対策の検討にあたり参考になる。なお、第三次産業における取組みについては、75頁TOPICS「求められる安全衛生対策（1）第三次産業の安全対策」参照。

[84] 経団連「2022年人事・労務に関するトップ・マネジメント調査結果」では、70歳までの就業確保措置を「対応済」「対応を検討中」と回答した企業（48.5％）のうち（複数回答）、創業支援等措置の「業務委託契約を締結する制度」は19.4％、「事業主が委託、出資等する団体が実施する社会貢献事業に従事できる制度」は1.7％であった。

[85] 例えば、主要なハローワーク（300ヵ所）に設置の「生涯現役支援窓口」では、概ね60歳以上の高齢者とその採用に意欲的な企業等とのマッチング等の総合的な就労支援を行っている。また、産業雇用安定センターでは、就労意欲のある60歳以上の高齢者を登録し、企業等に紹介する「キャリア人材バンク」事業を展開している。

（5）障害者

① 障害者雇用の現状

企業に雇用されている障害者数（2022年6月時点）は61.4万人（前年比2.7%増）、実雇用率[86]は2.25%（同0.05ポイント増）と、いずれも過去最高を更新した。障害種別では、身体障害者は35.8万人（同0.4%減）、知的障害者は14.6万人（同4.1%増）、精神障害者は11.0万人（同11.9%増）と、特に精神障害者の増加が目立っている。

図表1-12　雇用されている障害者数と障害者実雇用率の推移

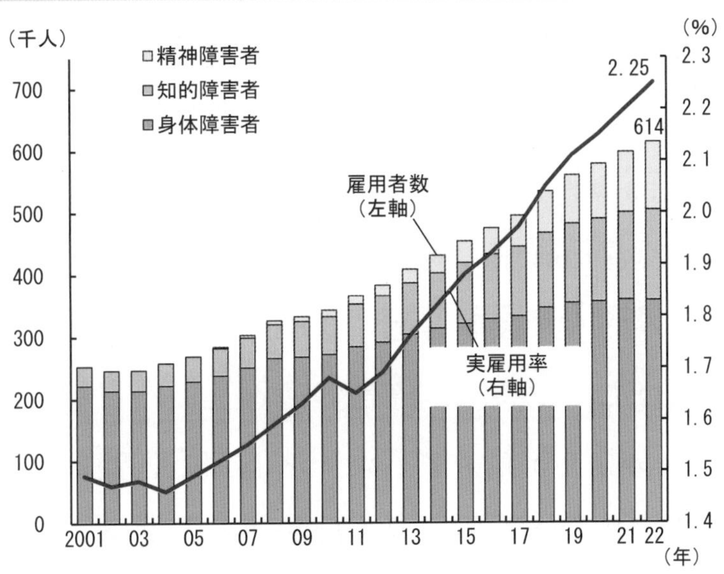

注：雇用義務のある43.5人以上規模（2012年までは56人以上規模、2013〜17年は50人以上規模、2018〜2020年は45.5人以上規模）の企業の集計。制度改正により、算定基礎となる障害者が変更されたため、2005年以前、2006〜10年、2011〜17年、2018年以降の数値は単純には比較できない。
出典：厚生労働省「令和4年障害者雇用状況報告」

引き続き、企業は、障害のある社員の様々な障害特性に配慮しながら、柔軟な働き方の推進やキャリア形成の支援、新たな職域開拓などに取り組み、障害者雇用をさらに進展させていく必要がある。

② 障害者雇用制度の見直し

企業の障害者雇用を促進するため、厚生労働省の労働政策審議会は、

---

[86] 企業が実際に雇用している障害者の割合のこと。「常用雇用障害者数」を「常用雇用労働者数」で除して算出する。

2021年1月から障害者雇用率制度[87]・納付金制度[88]等の見直しに向けた議論を開始した。その結果、2022年6月に、障害者雇用促進法の改正を見据えた意見書を取りまとめた。同意見書の内容に基づいた障害者雇用促進法等の改正法案が国会で審議され、2022年12月10日に成立した。

同意見書で示された内容は、障害者雇用の質の向上や柔軟な働き方の推進の観点から、様々な措置が盛り込まれている。そのうち、主な措置を取り上げる。

（a）雇用の質の向上に向けた事業主の責務の明確化

障害者の能力発揮よりも雇用率達成のために雇用者数の確保を優先する企業が一部にみられるとの指摘を受けて、事業主に対し、障害者が能力を発揮できる雇用の場の提供とともに、雇用後の活躍促進に向けて、キャリア形成支援など適切な雇用管理の積極的な実施が求められることとなった。企業は、障害のある社員が自身の成長とやりがいを実感しながら働けるようマネジメントする必要がある。

（b）多様な就労ニーズを踏まえた働き方の促進

・短時間労働者の雇用率算定

現行の雇用率制度では対象外とされている「週10時間以上20時間未満」の労働者について、その就労機会の拡大のため、重度の身体障害者・知的障害者、精神障害者を対象に、特例として実雇用率に算定できることとなる（算定は1人を0.5カウント）。企業としては、障害のある社員の体調不良時や採用直後の期間などにおいて、本人の希望を踏まえながら、週 20 時間未満の短時間勤務を可能とする制度の導

---

[87] 企業の労働者数に対して一定率以上の障害者の雇用義務を課す仕組みのこと。法定雇用率は原則5年ごとに見直される（現行の民間企業の法定雇用率は2.3%）。

[88] 企業間の経済的な負担の調整を目的に、労働者 100 人超の雇用率未達成企業から納付金を徴収する一方、達成企業に対して調整金や報奨金、助成金を支給する仕組みのこと。

入・整備などの対応が考えられる[89]。

・精神障害者の算定特例の延長

精神障害者である短時間労働者（週20時間以上30時間未満）を対象とする特例措置[90]について、期限である2023年３月末以降も当分の間、継続される（省令改正）。あわせて、「新規雇入れ又は手帳取得から３年間」の要件が外され、対象精神障害者が拡大される。

図表1-13　実雇用率の算定対象

週所定労働時間	30時間以上	20時間以上 30時間未満	10時間以上 20時間未満
身体障害者	1	0.5	—
重度	2	1	**0.5**
知的障害者	1	0.5	—
重度	2	1	**0.5**
精神障害者	1	**1**	**0.5**

注：赤枠は新たに算定対象に追加される週所定労働時間10～20時間未満の身体・知的障害者（重度）と精神障害者、緑枠は当分の間継続される精神障害者（週20～30時間未満）の算定特例。
出典：厚生労働省資料をもとに経団連事務局にて作成

（ｃ）障害者雇用の質の向上の推進

納付金制度における財政の安定的な運用を図りながら、雇用の「数」から「質」を高める事業主の取組みを評価する仕組みへシフトすべく、障害者雇用調整金・報奨金について、一定の場合に減額等の措置[91]が行われる。同措置で確保される財源を元に、事業主の取組みを支援する助成金の新設・拡充が予定されている。

具体的には、①中高年齢障害者の雇用継続のために事業主が実施する取組みに対する助成金、②障害者雇用に関するコンサルティングを

[89] 障害者が企業等での働き始めに勤務時間を段階的に増やしていく場合や、休職から復職を目指す場合に、一般就労中であっても就労系福祉サービスを一時的に利用できる仕組みが措置される予定（障害者総合支援法に基づく省令改正）。こうした働き方を選択する障害者を短時間勤務制度の対象とすることが想定される。

[90] 精神障害者である短時間労働者で、①新規雇入れから３年以内の者、または精神障害者保健福祉手帳取得から３年以内の者、②2023年３月31日までに雇入れられ、精神障害者保健福祉手帳を取得した者の要件をいずれも満たす者は１人を１カウント（本来0.5カウント）とする仕組み（2023年３月までの時限措置）。

[91] 調整金は、支給対象人数が10人超の場合、超過人数分の支給額を50％とする。報奨金は、支給対象人数が35人超の場合、超過人数分に対しては支給しないこととするとされている。

行う民間事業者から相談支援を受けることで障害者雇用の促進に取り組む中小企業等に対する助成金、③事業主のニーズ等を踏まえた既存の助成金の拡充などが想定される。

（d）除外率の引下げ

除外率制度[92]においては、設定業種で一律10ポイントの引下げが行われる（省令改正）。その時期については、改正法案の成立後、労働政策審議会で審議されることとなっている。

除外率設定業種に属する企業に対して、十分な準備期間を設けるとともに、法定雇用率の見直しの時期と重なることのないよう配慮が不可欠である。

図表1-14　障害者雇用制度に関する主な改正事項

項目	改正内容	施行日（予定）
1．雇用の質の向上に向けた事業主の責務の明確化		
事業主の責務の明確化 ［障害者雇用促進法５条］	・事業主に対して、障害者の雇用後も、キャリア形成の支援を含めて適正な雇用管理をより積極的に行うことを求める	2023年４月１日
2．多様な障害者の就労ニーズを踏まえた働き方の推進		
短時間労働者の雇用率算定 ［法70・71条］	・特に労働時間の短い（週所定労働時間10時間以上20時間未満）重度身体障害者、重度知的障害者、精神障害者について、特例的に実雇用率の算定対象とする（１人0.5カウント）	2024年４月１日
精神障害者の算定特例の延長 ［省令］	・週所定労働時間20時間以上30時間未満の精神障害者を１人１カウント（本来0.5カウント）とする特例措置について、当分の間、継続する ・「新規雇入れ又は手帳取得から３年」の要件を外す	2023年４月１日以降も継続
3．障害者雇用の質の向上の推進		
障害者雇用調整金・報奨金の支給 （納付金財政の安定確保） ［法50条］	・調整金と報奨金の支給方法を見直し、一定数を超える場合、超過人数分の単価を引き下げる ・対象数や単価は政省令で規定予定（障害者雇用分科会の意見書では、調整金は、支給対象人数が10人を超える場合、当該超過人数分に対しては支給額を50%とする、報奨金は、支給対象人数が35人を超える場合、当該超過人数分に対しては支給しないとされている）	2024年４月１日
助成金の新設・拡充 ［法49条］	・中高年齢障害者の雇用継続のために企業が実施する取組みに対して助成する ・障害者雇用に関するコンサルティングを行う民間事業者から相談支援を受けることにより、障害者雇用の促進に取り組む企業等に対して助成する ・事業主のニーズ等を踏まえた既存の助成金の拡充	2024年４月１日
4．その他		
除外率の引下げ ［省令］	・廃止に向けて段階的に引き下げ、縮小することとされている除外率について、一律に10ポイント引き下げる	今後、労働政策審議会で検討

出典：厚生労働省資料をもとに経団連事務局にて作成

[92] 障害者の就業が困難と認められる業種において、雇用する労働者数を計算する際、除外率に相当する労働者数を控除する仕組みのこと。2004年に廃止されたが、経過措置として当分の間、段階的に引き下げ、縮小していくこととされた。2004年4月と2007年7月にそれぞれ一律10ポイントの引下げが実施された。

③ 法定雇用率の見直しに向けた支援の拡充

法定雇用率（現行2.3％）は、原則５年ごとに見直される。労働政策審議会では、2023年度以降に想定される次期雇用率の設定（引上げ幅や施行時期）について、2022年度中に審議する予定となっている。

法定雇用率は2013年４月以降、累計で0.5ポイント引き上げられた。その間の法定雇用率達成企業の割合は、2017年度（50.0％）を除き、５割を下回っている[93]。こうした中、身体障害のある社員の高齢化や精神障害のある社員の早期離職、デジタル化の進展による業務の消滅・減少など、企業における障害者雇用は様々な課題に直面している。

各企業が自社の実態を踏まえた中期計画を策定し、複数年にわたって取り組んでいかなければ、実効性のある採用活動や職場定着は実現しない。厚生労働省は、ハローワークのマッチング機能の強化、企業における職域開発の促進、障害者雇用ゼロ企業への働きかけ強化などにより、法定雇用率達成企業の割合を少なくとも５割に高めるべく、支援の拡充に取り組むべきである。

中小企業からは、人材やノウハウ等の制約があることから、障害者雇用の体制整備が難しいとの声が多い。こうした中、自社に適した形で障害者雇用に取り組んでいる中小企業もみられる。例えば、「担当者を選任して就労支援機関との連携体制を構築するとともに、上司・同僚が障害のある社員の担当ジョブコーチと話し合うことで職場への定着を促進」（精密部品製造販売）、「社内の決まりや安全管理、生活ルールを障害のある社員が学べる社内勉強会を定期的に実施」（物流）、「精神障害のある社員の体調変化や本人の意向などを踏まえ、勤務日数・

[93] 厚生労働省「令和４年障害者の雇用状況の集計結果」（2022年12月）によると、法定雇用率達成企業の割合は、2013年42.7％（法定雇用率2.0％）、2014年44.7％、2015年47.2％、2016年48.8％、2017年50.0％、2018年45.9％（同2.2％）、2019年48.0％、2020年48.6％、2021年47.0％（同2.3％）、2022年48.3％となっている。

時間をきめ細かく設定」（宿泊）、「疲労防止のための休憩（午後に 15 分間）を付与」（サービス）、「作業手順表や個人のスケジュールを壁に貼り出して“見える化”し、円滑な業務遂行を支援」（小売）、「質問や相談が苦手な社員に対してコミュニケーションツール（業務日誌）を導入」（板金製造）、「障害のある社員がジョブコーチの資格を取得して教育研修を担当」（交通誘導・警備）などの取組み事例がある。

厚生労働省は、障害者雇用に取り組む優良な中小企業を認定する「もにす認定制度」[94]を推進するとともに、好事例を周知している[95]。企業はこうした事例を踏まえながら、助成措置や支援制度も活用し、自社に適した形で障害者雇用に取り組んでいくことが望まれる。

（６）有期雇用等労働者

① 有期雇用等労働者の現状

総務省「労働力調査」によると、わが国の有期雇用労働者やパートタイム労働者（以下、有期雇用等労働者[96]）の数は2,064 万人（2021 年）で、雇用者数全体の４割近く（36.7％）を占めている。2000 年（1,273 万人、26.0％）と比較すると、791 万人の増加、10.7 ポイント増となっている。年齢別では、60 歳以上が有期雇用等労働者全体の約３割（31.3％）に上っている。改正高齢法の施行に伴い、高年齢の有期雇用等労働者はさらなる増加が見込まれる。

有期雇用等労働者を選択した理由[97]では、「自分の都合のよい時間に

[94] 2020 年４月より開始された制度。2022 年９月末時点で184 社が認定されており、厚生労働省ホームページにおいて認定企業の取組みの概要が紹介されている。

[95] 独立行政法人高齢・障害・求職者雇用支援機構のホームページで利用可能な「障害者雇用事例リファレンスサービス」では、国内2,700 件以上の事例（中小企業の事例を含む）が紹介されている（2022 年11 月時点）。

[96] いわゆる正社員以外の雇用形態で働く労働者を総称する際、一般的に「非正規労働者」と表記することが多い。しかし、「正規に非ず」という極めてネガティブな印象を与えるものであることから、本報告書では、引用の場合を除き、正社員以外の労働者（社員）を「有期雇用等労働者（社員）」と記述する。

[97] 総務省「労働力調査」（2021 年）

働きたいから」（32.8%）が最も多く、「家計の補助・学費等を得たいから」（19.3%）、「家事・育児・介護等と両立しやすいから」（10.9%）の順であった。多くの働き手自身がこの雇用形態を選択している。

一方で、「正規の職員・従業員の仕事がないから」との回答は10.7%、労働者数は214万人（前年比16万人減）であった。有期雇用等労働者のエンゲージメント向上と処遇改善にあたっては、不本意な形で有期雇用等で働いている労働者を意識した対応がまずは必要といえる。

図表1-15　雇用形態別労働者数の推移と有期雇用等労働者数の内訳

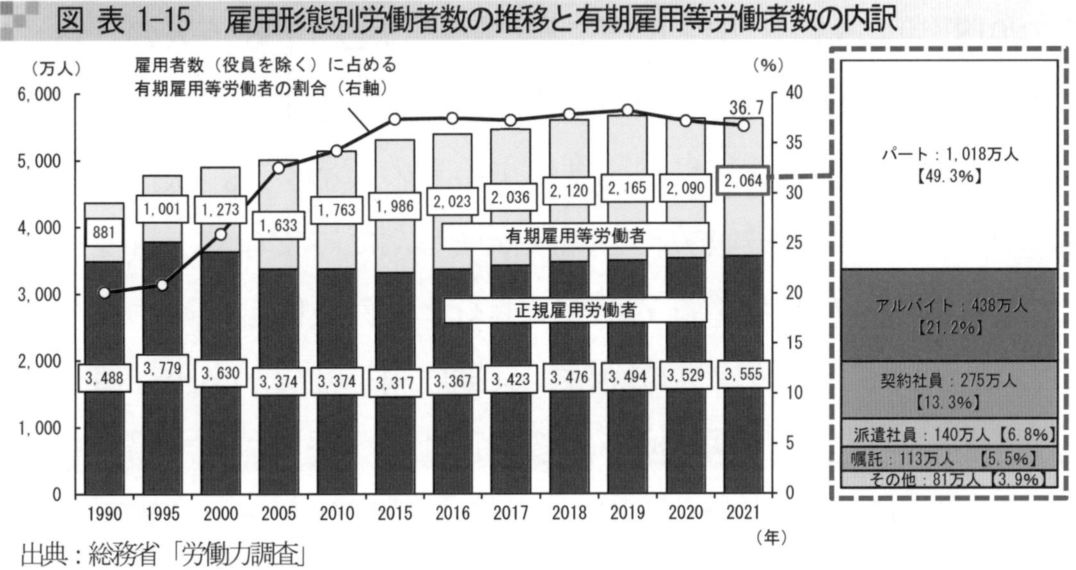

出典：総務省「労働力調査」

② 有期雇用等社員の処遇改善

有期雇用等社員の処遇改善[98]としては、第一に、同一労働同一賃金法制への対応が重要である。例えば、有期雇用等社員に対し賞与を支給していない場合の見直しや、５年以上継続勤務している有期雇用等社員には病気休暇の付与・扶養手当の支給の検討など、裁判例を参考[99]にしつつ、それぞれの制度等の性質に照らして、自社の正社員との処遇

[98] 経団連「2022年人事・労務に関するトップ・マネジメント調査結果」によると、有期雇用等労働者を雇用している企業の制度ごとの導入状況は、昇給制度56.6%、賞与・一時金制度74.3%、退職金制度（退職慰労金含む）26.1%であった。

[99] 参考の裁判例としては、日本郵便（大阪）事件最高裁判決（2020年10月15日）がある。同判決は、有給の病気休暇の付与・扶養手当について、長期の継続勤務が期待される正社員の生活保障や福利厚生を図り、その継続的な雇用を確保する目的であると判断し、契約社員についても「相応に継続的な勤務が見込まれる場合」、休暇付与・手当支給の趣旨が妥当し、正社員のみの支給を不合理とした。

のバランスを図る必要がある。

第二に、正社員化の推進[100]である。意欲と能力のある有期雇用等社員により高い職務・職責を担ってもらい、それに適した処遇に引き上げる正社員登用は、エンゲージメントの向上にもつながる。また、先に紹介した「正規の職員・従業員の仕事がないから」との理由により有期雇用等で働いている者への対応としても有効と考えられる。

厚生労働省の調査[101]によると、常用労働者５人以上の事業所において、2018 年度および 2019 年度に無期転換した約 158 万人のうち、40 万人は労働契約法の無期転換ルールが定める５年より早い期間での無期転換を行った、企業独自の制度によるものであった。会社独自の制度による場合には、労働契約を無期転換しただけでなく、自社の正社員として登用した割合が約７割[102]に上る。正社員化を行った企業に支給されるキャリアアップ助成金は、有期雇用等社員から正社員への登用のほか、いったん無期転換した後で正社員へ登用された場合も対象となる。こうした助成金も活用しながら、段階的なキャリアアップの仕組みを設けることも一考である。

また、正社員登用にあたり、有期雇用時の勤務地や職務はそのままに、より高度な職務内容や職責を担いたいと考える有期雇用等社員に対して、そのニーズに応じて勤務地・職務等を限定した「多様な正社員」の制度を適用・拡充することは、正社員登用の機会をさらに広げることにつながる。

---

[100] 経団連「2022 年人事・労務に関するトップ・マネジメント調査結果」では、有期雇用等労働者を雇用している企業のうち、正社員登用制度がある企業は 70.9%、職務内容や勤務地を限定した正社員への登用制度がある企業は 30.3%であった（複数回答）。これらの制度がある企業の 88.8%は 2022 年に登用した実績があった。また職務内容や勤務地を限定した正社員への登用制度がある企業の 99.0%は登用時、登用後に昇格・昇給機会を設けている。

[101] 厚生労働省「有期労働契約に関する実態調査（事業所）」（2020 年４月１日調査時点）

[102] 厚生労働省「有期労働契約に関する実態調査（個人）」（2021 年１月１日調査時点）によると、会社独自の制度等により転換した者における転換後の就業形態の内訳は、正社員が 66.9%、パートタイム労働者が 12.1%、派遣労働者が 11.2%、契約社員が 4.7%、嘱託社員が 2.5%、その他が 2.1%、無回答 0.5%となっている。

第三は、能力開発支援である。社員のキャリアアップ、とりわけ正社員を希望する有期雇用等社員の背中を押す意味からも、正社員として必要な能力・スキルを具えるＯＪＴやＯｆｆ－ＪＴ、職務・職責の急激な変化を避けるための段階的な高いアサインメントの実施等が有効な手段となり得る。能力開発の機会の提供にあたって、正社員と同様の取扱いとすることは、有期雇用等社員の意欲向上にもつながる。

第四は、専門能力を有する有期雇用等社員の処遇である。有期雇用等社員の中には重要かつ時限的なプロジェクトに従事することを目的として、期間を定めて雇用されている者が存在する[103]。こうした有期雇用等社員に対し、契約期間や責任の程度、業務内容、当該社員が有する専門的知識等を総合勘案し、正社員より相対的に高い処遇とすることも一案である。

③ 就業調整

有期雇用等労働者の就業や活躍を阻害している一因として、社会保険の適用範囲や税制、企業における配偶者手当の支給基準等を理由とする「就業調整」[104]を指摘する声が高まっている。また、配偶者がいる女性の有期雇用等労働者で就業調整をしている者が一定数存在[105]することから、女性の活躍推進における課題ともされる。

一方、就業調整を行っている有期雇用等労働者のうち、一定の年収額を超えても手取りが減少しない場合、現在より多く働きたいと考え

[103] 厚生労働省「令和２年有期労働契約に関する実態調査（事業所調査）」によると、有期雇用等労働者を「高度技能活用型」として雇用している事業所の割合は4.8%となっている。

[104] 詳細は81頁TOPICS「就業調整の状況」参照。

[105] 野村総合研究所「有配偶パート女性における就労の実態と意向に関する調査」（2022年９月）では、有配偶パート女性のうち61.9%が、自身の年収額を一定の金額以下に抑えるために就業時間や日数を調整していると回答。

ている者が一定程度、存在している[106]。

こうしたことも踏まえ、政府には、働き方に中立的な制度に向けて、税制・社会保障制度の見直し[107]が望まれる。企業においては、同一労働同一賃金への対応や諸手当のあり方とあわせて、配偶者手当の再点検・見直しに向けて、労使による丁寧かつ真摯な議論が求められる[108]。

---

[106] 野村総合研究所「有配偶パート女性における就労の実態と意向に関する調査」（2022年９月）によると、「就業調整」をしている有配偶パート女性（61.9%）のうち、『『年収の壁』がなくなり、一定の年収額を超えて働いても手取りが減らなくなった場合、現在よりも年収が多くなるように働きたいか』との問いに、８割近く（78.8%）が、今より多く働きたいと回答した（「とてもそう思う」（36.8%）」と「まあそう思う」（42.1%）」の合計）。

[107] 経団連「経済成長・財政・社会保障の一体改革による安心の確保に向けて」（2019年11月）では、「高齢者に限らず、働き方や家族のあり方が大きく変化し、働きたい人が就労調整を行うことを意識しないで働くことができる環境を整える必要性が高まっていることから、企業規模要件の見直しをはじめ、被用者保険の適用拡大を進めるべきである。その際、中小企業の生産性向上に関する支援策を講じることが求められる」としている。また、経団連「令和５年度税制改正に関する提言」（2022年９月）では、「多様で複線的なキャリア形成や、人材の流動化を見据えつつ、個人の職業選択に対して中立的な所得税制が検討されるべきである」としている。

[108] 同一労働同一賃金法制への対応や労働条件の不利益変更に該当する可能性に留意しながら、子育て世代への支援の観点から、配偶者手当を廃止・縮小し、子どもを対象とした手当（家族手当や扶養手当等）の増額、基本給等への組み入れなどが考えられる。

3．円滑な労働移動

ＤＸとＧＸの推進に伴う産業構造の変革は、労働需要にも変化を与える。例えば、ＤＸについては、定型的な職務の多くがＡＩで代替可能となる一方で、イノベーション創出など非定型的な職務を担う人材に対するニーズがより高まることが見込まれる。さらに、わが国ではＤＸ推進を担う人材自体が、量・質ともに不足している[109]。

ＧＸについては、2050年カーボンニュートラル（ＣＮ）達成に向け、化石燃料をベースとした産業で労働需要が減少する一方、脱炭素社会の実現に必要な領域で大幅な雇用の増加が見込まれている[110]。

図表1-16　ＤＸとＧＸの雇用へのインパクト

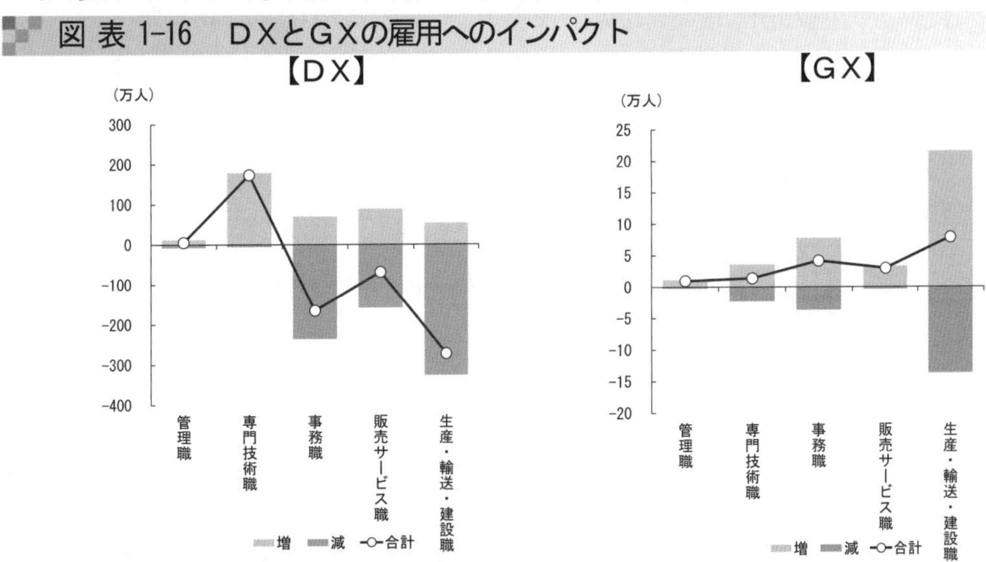

出典：三菱総合研究所「ＤＸ・ＧＸ時代に対応するキャリアシフトを提言」（2022年７月）

人口減少社会であるわが国において、産業構造の変革とそれに伴う労働需要の変化に対応し、持続的な成長を実現していくためには、多様な人材の労働参加率の向上、生産性の低い産業等における変革とあ

109　ＩＰＡ（情報処理推進機構）「ＤＸ白書2021」によれば、「事業戦略上、変革を担う人材の「量」の確保」について「やや不足している」「大幅に不足している」と回答した企業は76.0％、「事業戦略上、変革を担う人材の「質」の確保」について「やや不足している」「大幅に不足している」と回答した企業は77.9％に上る。

110　三菱総合研究所「ＤＸ・ＧＸ時代に対応するキャリアシフトを提言」（2022年７月）は、「電化・再エネ拡大が進展する電力関連産業は全体として雇用増となるが、火力発電所オペレーターのような火力関連職種のニーズは激減する。他方、ＥＶシフトが進み内燃機関や部品が減る自動車産業や高炉の縮小を迫られる製鉄業では全体の雇用インパクトはマイナスとなるが、その中でもモーターや燃料電池、水素還元製鉄といったＣＮを支える成長領域における雇用は増加が見込まれる」とし、業種や職種による雇用増減の違いが大きいことを強調している。

わせて、成長産業・分野等への円滑な労働移動を通じて、わが国全体の生産性を高めていくことが不可欠である。硬直的とされるわが国の労働市場を、円滑な労働移動に適したものへと新たに作り上げるべく、その環境整備として、主体的なキャリア形成や能力開発・スキルアップの推進、雇用のマッチング機能強化とセーフティーネット整備など、働き手・企業・政府の各主体による取組みが求められる。

あわせて、離職・転職など労働移動に対する意識を社会全体で肯定的なものに変えていく必要がある。働き手は、社内での異動や転職を自身の適性や職能に一層適した魅力的な仕事に就くための機会として前向きに捉えて能力開発等に励んでいく。企業は、転職経験者を単なる労働力不足への対応ではなく様々な知識やスキル、キャリア等を有する者と評価して積極的に採用・処遇する方針を掲げ、キャリアアップ型の転職機会を増やしていく。政府は、働き手が安心して労働移動できるよう、雇用のマッチング機能強化とセーフティーネット整備を図る[111]。こうした取組み等を通じて、社会全体の意識改革を促していくことが、わが国で円滑な労働移動を定着・推進させていく要諦といえる。

（１）円滑な労働移動実現に向けた施策

① 主体的なキャリア形成

日本型雇用システムの特徴の１つである長期・終身雇用では、学卒後に就職した企業で職業人生を全うすることを前提に、企業主導でキャリア形成が行われていることが多い。その結果、働き手の希望と企

[111] デンマークでは、①柔軟な労働市場、②所得保障、③積極的労働市場政策で構成され、柔軟性（フレキシビリティ）と安全性（セキュリティ）を兼ね備えた雇用戦略「フレキシキュリティ」が導入されている。第12回「新しい資本主義実現会議」（2022年11月10日）では、デンマークの政策をそのままわが国で導入することは難しいとしつつ、「フレキシキュリティ」の視点を日本の政策にも反映していく必要性が論点として示されている。

業の意向が必ずしも合致せず、「自分自身の描くキャリアを妨げるリスク」と捉える者も少なくない[112]。加えて、働き手が、社内だけでなく外部労働市場でも評価される能力（エンプロイアビリティ）を向上させるインセンティブになりにくく、転職を含めたキャリア形成と外部労働市場の発達を阻害してきた面も否めない。

働き手には、社内の異動にとどまらず転職など社外への労働移動も含めて自身のキャリアを主体的に考え、その実現に必要なスキル等を身につけるべく、自己啓発や能力開発に積極的に取り組むことが期待される。加えて、働き手の主体的なキャリア形成には、就職活動を行う前からの意識付けが重要である。

一方、企業には、経営トップが自社の目指すべきビジョンや方向性、重視すべき価値観などを明確に示した上で、上司やメンター、キャリアコンサルタントとの面談といったキャリア形成の機会を意識的に設けるなど、働き手の希望と自社の人事戦略とをすり合わせながら、主体的なキャリア形成を継続的に支援する必要がある。加えて、副業・兼業の促進[113]や社内公募制・フリーエージェント制度の導入・拡充、社内起業制度の創設・拡充、スタートアップ企業を含む出向の実施は、主体的なキャリア形成意識の醸成に向けたきっかけ・気づきにつながり得る。企業にはこうしたことを意識した支援・取組みが求められる。

② 能力開発・スキルアップ

働き手には、自身のキャリアプランの実現、社内外の労働移動に必要な能力の習得のため、職業能力の再開発・再教育であるリスキリン

---

[112] リクルートマネジメントソリューションズ「異動とキャリア開発に関する意識調査」（2020年10月）によれば、アンケートに回答した従業員数500名以上の企業に勤務する異動経験のある一般職員のうち39.1%が、人事異動に関して「自分自身の描くキャリアを妨げるリスクである」と回答している。

[113] 詳細は73頁TOPICS「副業・兼業」参照。

グを含むリカレント教育[114]（以下、リカレント教育等）を通じて、主体的かつ継続的に能力開発・スキルアップを図り、エンプロイアビリティを向上させていくことが望まれる。学びによって習得した知識やスキルを実務に活用することで職能が高まり、さらなる学びにつなげる「仕事と学びの好循環」を図っていく必要がある。

他方、企業は、働き手の「学び」の成果を実際の業務に活かす機会を設ける必要がある[115]。加えて、自社が求める能力やスキル、人材像を広く積極的に発信することは、働き手が学びの方向性を主体的に検討する際の一助となるだけでなく、大学や職業訓練等で実施するリスキリングが実際の企業ニーズにより適ったものとなり、企業が求める人材の確保・育成にもつながる。

働き手の主体性を促す観点からは、能力開発プログラムの提供[116]や費用面での支援に加え、学習時間の確保に向けた制度面でのサポートが重要となる。具体的には、時短勤務制度や選択的週休３日制、企業版サバティカル休暇[117]といった自己啓発のための休暇・休職制度の導入・拡大などが考えられる。また、働き手が励まし合い、学び合える場として、社員主体による勉強会の推奨とその支援、企業や業種の枠を超えた産学官によるリスキリングに関するプラットフォーム[118]への

---

[114] 経団連では、リカレント教育を「働き手（求職者を含む）が現在もしくは将来の業務・キャリアのために行う学び直し」、リスキリングを「主に企業が直面する経営課題に対応するスキルアップ・チェンジのための学び直し」と定義し、リカレント教育はリスキリングを含むとしている。

[115] 厚生労働省「職場における学び・学び直し促進ガイドライン」（2022年６月）は、中小企業などがリカレント教育等の方針を検討する際の参考となる、人材開発に係る基本的な考え方や労使が取り組むべき事項、公的な支援策などをまとめている。

[116] 既存のプログラムの提供のみならず、自社が求める能力やスキルなどが身に付くよう、大学等の教育機関と連携・協働してプログラムを開発し、働き手に受講を促すことも有効である。

[117] サバティカル（Sabbatical）は、６日間働いた後の７日目の安息日を意味するラテン語のsabbaticusに由来し、一定期間以上の勤続者に与えられる長期休暇を意味する。

[118] 2022年６月に「日本リスキリングコンソーシアム」（主幹事：グーグル）が、同年８月には「人的資本経営コンソーシアム」（発起人代表：伊藤邦雄・一橋大学CFO教育研究センター長）が発足するなど、リスキリングに産学官が連携して取り組もうとする動きがみられる。

参画を通じた学び・学び直しの機会の提供等も有益である。

産業構造変革が進む中、企業はその規模や事業拠点にかかわらず、成功事例[119]を参考にしながら、産学官で協力してリカレント教育等に取り組むことが重要である。経営トップが自社の人事戦略を示しながら、リカレント教育等の必要性を明らかにすることに加え、経営トップ自身も自己研鑽に励むなど、範を示すことが望まれる。

③　雇用マッチング機能の強化

円滑な労働移動の推進には、雇用のマッチング機能の強化が不可欠である。生産年齢人口が減少する中、企業と働き手のミスマッチをできるだけ減らし、社員のエンゲージメントを高めながら、能力を最大限発揮してもらうことは、生産性向上にもつながる。

雇用のマッチングにおいて、国（公共職業安定所（ハローワーク））の一層の機能強化が、まずは重要である。全国にネットワークを有する強みを活かし、地域をまたいだマッチングの推進に加え、好事例やノウハウを広く横展開するなどの取組みが期待される[120]。

---

[119] リクルートワークス研究所「中小企業で進むリスキリングのリアル」は、製造現場をほぼ自動化した製造業の企業や旅館管理システムを導入した老舗旅館など、DXの取組みに成功した中小企業の事例をまとめている。

[120] マッチング機能強化の一環として、厚生労働省は2020年３月に、職業情報提供サイト「job tag」（日本版O-NET）を開設した。同サイトは、「ジョブ」（職業、仕事）、「タスク」（仕事の内容を細かく分解したもの、作業）、「スキル」（仕事をするのに必要な技術・技能）等の観点から職業情報を「見える化」し、就職・採用活動等を支援する。ハローワークのインターネットサービスと連携することで、スムーズな求人検索を可能とするとともに、約500に上る職業の業務内容や労働条件の確認ができる。

図表 1-17　職業紹介事業者、ハローワークを経由した就職件数（都道府県別）

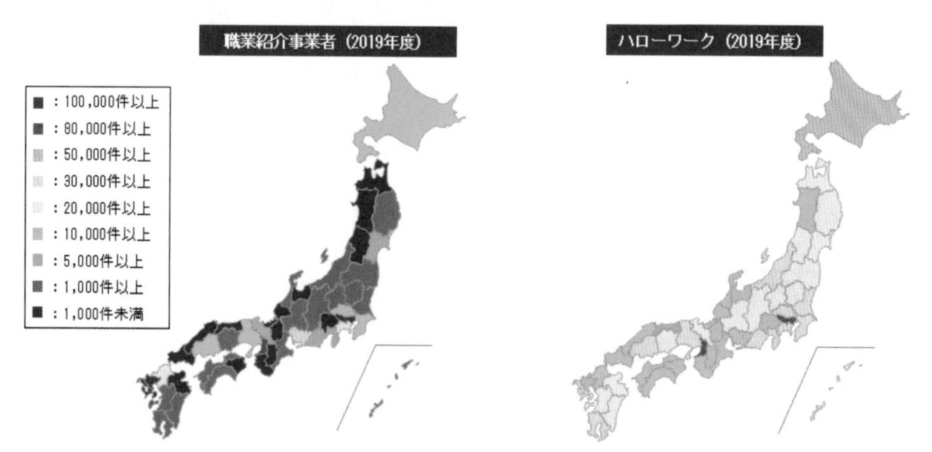

注：都道府県別の就職件数（常用）の状況をみると、職業紹介事業者の紹介による就職件数は東京都および大阪府に集中している一方で、それ以外ではハローワークによる就職件数が上回っている場合が多い。
出典：厚生労働省労働政策審議会職業安定分科会労働力需給制度部会資料（2021年8月）

さらに、働き手が自身のキャリアや保持する資格等を記録しておくことは、主体的なキャリア形成や円滑な労働移動の推進に資することから、ハローワークや教育機関等が中心となって、ジョブ・カード[121]の一層の周知とその普及に努める必要がある。

雇用のマッチング機能の補完としては、雇用調整型の出向・移籍のほか、人材育成・交流型出向やキャリアステップアップ型出向を支援する産業雇用安定センター[122]の運営の効率化・重点化も肝要である。

また、コロナ禍によって、テレワークなど「時間と場所にとらわれない働き方」の普及が進んだことを受けて、複数の省庁が主に都市部の大企業と地方の中小企業との人材マッチングを図っている[123]。

---

[121] 免許・資格、学習・訓練歴、職務経験等の情報を蓄積し、キャリアプランおよび職業能力の証明ができるツールのこと。利便性の向上と利用の継続性の確保に向けて、厚生労働省は、ジョブ・カードをオンライン上で登録・更新できる新サービス「ジョブ・カード作成支援サイト」を2022年10月に試行運用開始した。さらに、2023年1月からはマイナポータルとの連携を予定している。

[122] 1985年のプラザ合意に伴う円高不況によって、大量の余剰人員が生まれ、雇用不安が高まったことを受けて、1987年3月に官民が協力し、「失業なき労働移動」を支援する専門機関として設立された。事業主とその社員等に対して、出向・移籍等による労働力の移動に関し必要な情報の収集・提供、人材の斡旋等を行い、勤労意欲のある者への就労支援、失業予防等など、雇用の安定の確保を図っている。

[123] 主なものに、「企業版ふるさと納税（人材派遣型）」（内閣官房、内閣府）、「地方創生人材支援制度」（内閣官房、内閣府）、「プロフェッショナル人材事業」（内閣官房、内閣府）、「地域活性化起業人」（総務省）、「地域企業経営人材マッチング促進事業」（金融庁）などがある。

社外からの人材の受入れは、新規事業参入や業務改善など、社内の人材だけでは解決しにくい経営課題への有力な対応策となる。とりわけ、地方の中小企業における積極的な活用が有効である。これは、地方創生の観点からも重要な取組みであることから、産業雇用安定センターを含めた形で各省庁等が連携し、ユーザーにとってさらに利用しやすくすることで、わが国全体におけるマッチング機能の強化が期待される[124]。

こうした国による様々なマッチング機能に加え、民間事業者がデジタル技術の進展とあいまって、求職者と求人者の仲介、求職者支援や求人企業の採用プロセスの効率化など、従来の職業紹介事業の枠にとどまらない様々なサービスを提供し、実績を上げてきている[125]。

今後、デジタル技術をさらに活用して、民間事業者が求職者と求人者の双方にとって有益なサービスを開発・拡充していくことが、雇用のマッチング機能の強化・補完の面において重要となる[126]。

④　雇用のセーフティーネットのあり方

わが国の雇用のセーフティーネットは、失業予防対策を中心とした雇用保険制度、雇用保険被保険者以外の者を主な対象とした求職者支援制度、健康で文化的な最低限度の生活を営むことができない者に対する生活保護制度など、重層的に張り巡らされている。コロナ禍にお

---

[124] 円滑な労働移動の推進に向けて、官と民における雇用のマッチング機能強化も重要である。行政に対する需要の多様化を背景に、国の機関における民間人材の採用が進んでおり、官民交流人事の新規交流採用者数（民間企業→国の機関）は過去最多を記録している（2021年308人（前年比60人増））。

[125] 改正職業安定法（2022年10月施行）により、求人者等から依頼を受けずに、ＡＩを活用してネット上の公表情報を収集し（クローリング）、情報提供を行うサービスも法律上、募集情報等提供事業と位置付けるなど、環境整備が進んでいる。

[126] 求職と求人の精緻なマッチングでは最終的に人の介在が必要となり、一定程度以上のコストが生じる。仲介成立時の年収をベースに手数料を徴取する民間職業紹介事業者のビジネスモデルを踏まえれば、仲介の対象は年収が相対的に高い層となる傾向にあるが、ＡＩ等の活用が進むことで民間事業者が取り扱う対象の拡大が期待される。

いても、失業予防対策、雇用維持策として十分に機能し、雇用情勢は安定的に推移している[127]。

一方で、現行の「雇用維持型」のセーフティーネットは、成長産業・分野への円滑な労働移動を阻害していると指摘されている[128]。引き続き、コロナ禍における雇用情勢の動向に十分注視しながら、「労働移動推進型」のセーフティーネットへの移行に向けた検討を早急に進めていく必要がある。

具体的には、例えば、政府による「人への投資」の施策パッケージ（５年１兆円）[129]の柱である人材開発支援助成金[130]の拡充、公的職業訓練の教育・訓練メニューの重点化、教育訓練給付[131]の見直し、一定の学習期間を要する高度な能力開発に取り組む働き手への失業等給付の重点化[132]などが考えられる。

主体的な能力開発・スキルアップは、円滑な労働移動だけでなく、雇用のセーフティーネット整備にも資するものと位置付け、働き手・企業・政府でさらに取り組んでいく必要がある。政府には、リスキリングやリカレント教育と雇用のセーフティーネットを組み合わせることで、働き手が前向きに安心して労働移動ができるよう、さらなる支援を期待する。

---

[127] リーマンショック時においては、完全失業率は5.5%（2009年７月）まで上昇したが、コロナ禍においては、2020年10月に3.1%を記録した後、2022年11月には2.5%まで回復している。

[128] 厚生労働省「令和３年版労働経済の分析」は、雇用調整助成金等の支給は2020年４～10月の完全失業率を2.6%ポイント程度抑制したと推計する一方で、成長分野への労働移動を遅らせたと分析している。

[129] 岸田総理は所信表明演説（2022年10月３日）において、個人のリスキリングに対する公的支援として、「人への投資策を、『５年間で１兆円』のパッケージに拡充」することを表明した。

[130] 人材開発支援助成金を利用しやすくするために、2022年９月から、助成金を申請する企業のグループ企業が設置する施設での訓練を助成の対象とすることや、提出書類を省略する等の見直しが行われた。

[131] 働き手の主体的な能力開発やキャリア形成を支援し、雇用の安定と就職の促進を図ることを目的として、厚生労働大臣が指定する教育訓練を修了した際に、受講費用の一部が雇用保険から支給されるもの。

[132] 基本手当の給付期間は、年齢と離職理由（自発・非自発・就職困難者）で一律に決まるところ、自発的に成長分野への労働移動を希望する働き手に対しては、年齢や求職理由に関わりなく手厚く給付することが一案。

一方、雇用調整助成金等の大幅な活用によって雇用保険財政は枯渇化し、さらなる有事の際に必要な雇用対策を講じることができない危機的な状況に陥っている[133]。雇用のセーフティーネットは、円滑な労働移動推進の前提でもあることから、政府による雇用保険財政再建への道筋の明確化が重要かつ不可欠である[134]。

図 表 1-18　「人への投資」の施策パッケージ（５年１兆円）の概要

	2021年度補正予算	2022年度予算	2022年度補正予算	2023年度予算	～2026年度
人材開発支援助成金	216億円	504億円	－	505億円	計 5,500億円程度 ※民間からの提案を踏まえて引き続き検討
キャリアアップ助成金	251億円	268億円	－	268億円	
トライアル雇用助成金	50億円	－	－	－	
特定求職者雇用開発助成金	－	150億円	－	155億円	
専門実践教育訓練給付	－	96億円	－	117億円	
産業雇用安定助成金	－	－	－	182億円	
受講者の特性に対応した新たな教育訓練手法の構築・普及促進事業（仮称）	－	－	－	6.1億円	
「キャリア形成・学び直し支援センター（仮称）」の整備	－	－	－	22億円	
個々の女性労働者のキャリア形成支援	－	－	－	0.16億円	
副業・兼業に関する情報提供モデル事業	－	－	－	0.26億円	
働く人のワークエンゲージメント向上に向けた支援	－	－	－	0.19億円	
労働移動支援助成金	－	－	－	167億円	
公的職業訓練のデジタル分野の重点化によるデジタル推進人材の育成	－	－	－	86億円 ※一部一般会計等を含む	
紹介予定派遣活用研修・就労支援事業（一般会計）	508億円	－	－	－	
リスキリングを通じたキャリアアップ支援事業（経産省）	－	－	753億円	－	
副業・兼業支援補助金（経産省）	－	－	43億円	－	
計	1,024億円	1,019億円	796億円	1,510億円	

注１：赤枠は雇用保険二事業で、費用は全額事業主負担。
注２：2021年度補正予算は文部科学省の事業と経済産業省の事業で計133億円あり、政府全体では総計1,156億円。
出典：厚生労働省資料をもとに経団連事務局にて作成

円滑な労働移動の実現に向けては、労使双方にとって透明性と予見性が高く、とりわけ労働者の立場に立った法制を整備することが必要である。政府が検討している解雇無効時の金銭救済制度では、労働契約解消金の上下限を設定することが想定されており[135]、紛争解決に向

[133] 雇調金等の積極的な活用により、雇用安定資金の残高は「０円」（2022年度末）となる見込み。失業等給付（積立金）から３兆円超（累積）を借り入れた上での残高「０円」で、事業主が負担する保険料（雇用保険二事業分）による返済が必要となっている。

[134] 改正雇用保険法（2022年）では、「返済猶予額も含め、借入額の返済のあり方について、2024年度末までを目途に検討」とされている。

[135] 厚生労働省「解雇無効時の金銭救済制度に係る法技術的論点に関する検討会報告書」（2022年４月）において記されている。

けた予見可能性が高まると同時に、あっせん等における解決金の額の目安になることも考えられる。労働者保護の観点から解雇無効時の金銭救済制度の創設[136]を検討することも一案である[137]。

（2）円滑な労働移動に資する企業における制度整備

① 採用方法の多様化

イノベーションの創出や生産性の向上には、様々な能力やスキル、価値観を有した多様な人材に活躍してもらうことが不可欠である[138]。多様な人材の採用にあたっては、多様な方法によって行うことが適当である。さらに、採用方法の多様化は、いわば労働移動における受入れ側の整備となり、円滑な労働移動にも資することになる。

採用方法の動向（経団連調査）を確認すると、新卒者においては一括採用を中心としつつ、その割合を減らす一方、通年採用や職種別・コース別採用、ジョブ型採用を増やす方針を掲げる企業が多くみられる。経験者（既卒者）においては、今後もその多くを通年採用で行うと回答している。

---

[136] 現在、無効解雇がされた場合の法的救済方法としては、原職復帰に限られる。解雇無効時の金銭救済制度は、これに加え、労働者の申立により使用者が労働者に労働契約解消金を支払うことで、労働契約が終了することも選択できるようにするもの。諸外国においては、英国、フランス、ドイツ等で類似の制度が整備されている。日本における解雇事案の解決の実態としては、原職復帰ではなく金銭和解をするケースも多いが、その際の解決金については必ずしも十分な額とは言えず、個別紛争解決機関や事案ごとにばらつきもあり、労使双方にとって予見可能性が低いとの指摘がある。政府は解雇無効時の金銭救済制度について、「金銭を支払えば自由に解雇できるといった制度を導入しないことを前提に考える」旨を国会で答弁している。厚生労働省の審議会で議論されたが、制度の導入の是非について労使の意見の隔たりが大きく、解雇や紛争の実態など議論に資するデータも不十分であることから、引き続き検討するとされた。

[137] なお、紛争解決の金銭的・時間的予見可能性のほか、解雇の有効性判断における予見可能性を高める観点からは、内閣官房「雇用指針」（2014年4月1日）の更新等を通じ解雇ルールを明確化することも考えられる。

[138] 令和5年度税制改正では、研究開発税制の拡充の一環として、博士号取得者や、一定の経験を有する研究人材を外部から採用した場合、その人件費は研究開発税制オープンイノベーション（ＯＩ）型の対象とすることとされた（税額控除率20%）。こうした税制措置を活用することも考えられる。

図表1-19　新卒者と経験者（既卒者）の採用方法の動向

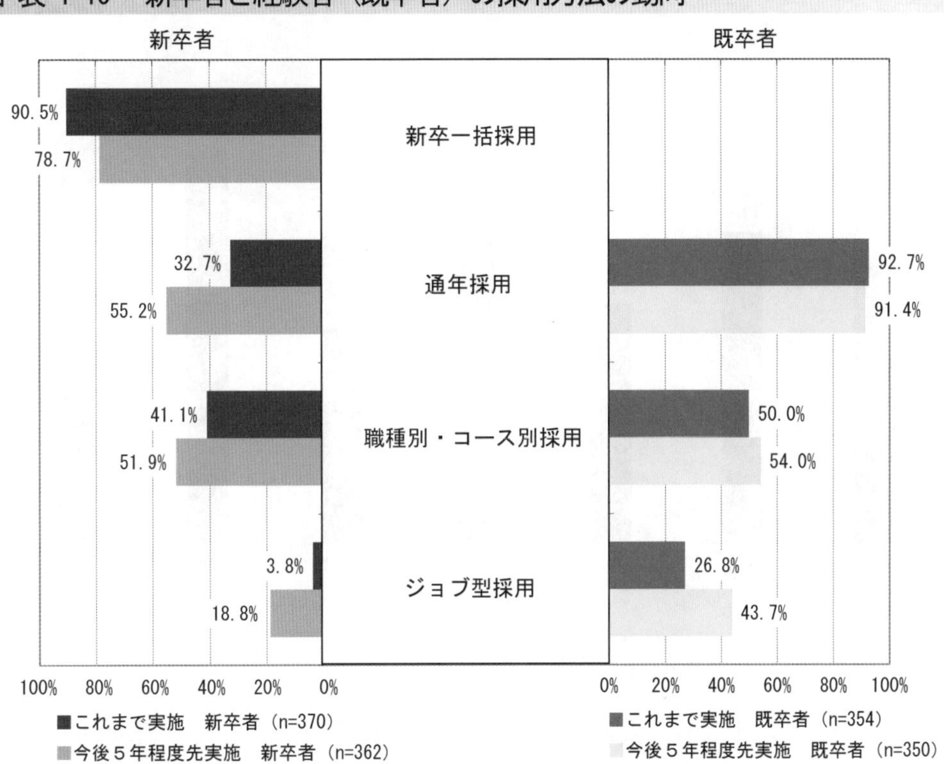

注：「通年採用」の企業数は、「通年採用（随時選考）」と「通年採用（年複数回の選考）」の回答数の合計から、随時選考と年複数回の選考の両方を実施している企業数を除いて集計。
出典：経団連「採用と大学改革への期待に関するアンケート」（2022年１月）

このうち、通年採用は、自社にとって適切な時期に必要な人材を確保することを目的として、特に経験者採用で活用されている。今後は新卒採用においても、通年採用の活用を一層進めていくことが有益である。若年者にとっては就職の機会・場の選択肢が広がることになり、企業では様々な人材に巡り合うチャンスが増えるなど、双方にメリットがある。通年採用の実施企業には、その旨の募集要項等への明記や企業説明会での周知とともに、新卒一括採用者と同様のキャリアパスを設定することが望まれる。

なお、「中途採用」との文言が一般的に使用されているが、「中途」という言葉がネガティブな印象を与えることから、経団連は今後、「経験者採用」[139]との表記で統一する。

---

139 「経験者採用」以外の表記例としては、「キャリア採用」「社会人採用」「既卒者採用」などが挙げられる。

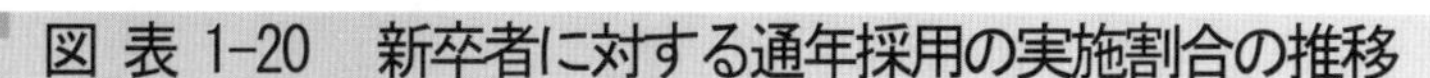
図表 1-20　新卒者に対する通年採用の実施割合の推移

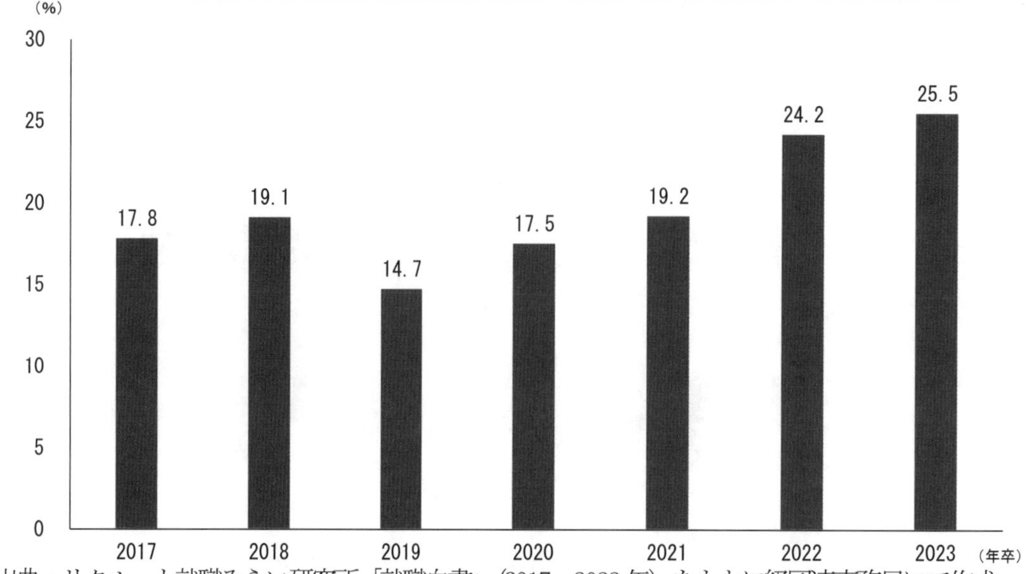

出典：リクルート就職みらい研究所「就職白書」(2017～2022 年) をもとに経団連事務局にて作成

また、退職した元社員を再度採用する「カムバック・アルムナイ採用」[140]は、自社が求める人材とのミスマッチが少なく、即戦力が採用できることから、さらなる活用が効果的と考える。

このほか、社員から知人・友人らを紹介してもらう「リファラル採用」[141]、勤務する場所や時間、従事する仕事を限定した「多様な正社員採用」など、様々な選択肢の中から、自社に適した採用方法を検討・活用することが必要である。

採用選考においては、働き手の人柄や性格、将来性を重視する潜在能力（ポテンシャル）ベースによる採用に加え、学修成果の評価[142]や保有しているスキル・職能に基づいた採用基準による採用枠の拡大を検討することも一案である。

---

[140] マイナビ「中途採用状況調査（2020 年版）」によると、カムバック・アルムナイ採用の実施状況は規模計で 52.7% であった。従業員数別では、50 人以下 35.4%、51～300 人 47.4%、301～1,000 人 65.5%、1,001 人以上 68.5% となっている。

[141] マイナビ「中途採用状況調査（2020 年版）」によると、リファラル採用実施状況は規模計で 56.1% であった。従業員数別では、50 人以下 41.7%、51～300 人 51.1%、301～1,000 人 63.4%、1,001 人以上 72.0% となっている。

[142] 経団連「2022 年人事・労務に関するトップ・マネジメント調査結果」によると、新卒採用における学修履歴（成績証明書等）の扱いについて、「非常に重視している」(4.9%)、「やや重視している」(57.0%) を合わせると 6 割超の企業が「重視している」と回答している。

②「自社型雇用システム」の確立

グローバル化の進展やＤＸ・ＧＸの推進による産業構造変革を見据えながら、企業が競争力を高めるためには、社外から必要な人材を採用して定着を図るとともに、社内においては、自社の事業ポートフォリオの組替えに合わせて、成長が見込まれる事業分野・部門等に人材を重点配置していく必要がある。

特定の仕事・職務、役割・ポストに人を割り当てて処遇する「ジョブ型雇用」は、当該職務の遂行に必要な能力やスキル、処遇等を明確にすることで、働き手が自身の能力開発・スキルアップの目標を立てやすくなり、主体的なキャリア形成、エンゲージメント向上につながるだけでなく、社外の人材を受け入れやすく、円滑な労働移動にも資する制度整備の一つといえる。社内においても、事業方針に基づいて重点化を図る分野・部門等へ当該業務を遂行できる人材を集中しやすい面がある。さらに、ジョブ型雇用の導入・活用により、社内外で通用するエンプロイアビリティの高い働き手が増えることで、社会全体での円滑な労働移動の促進が期待される。

ジョブ型雇用の導入・活用にあたっては、職務を洗い出す職務調査・分析を実施し、職務記述書（ジョブ・ディスクリプション）[143]を作成した上で、適用範囲（職掌・職群別、職種別、社内資格別、職務・役割等級別等）、処遇制度（職務・仕事給や役割給の導入・活用、職務・仕事や役割等と整合性の取れた賃金水準の設定等）、採用方法・人材育成（通年採用や経験者採用の拡大、リスキリングやリカレント教育の活用等）、キャリアパス（管理職や経営層への登用等）など、様々な論点からの検討が必要となる。

[143] 職務分析により引き出された職務情報を一定のルールで取りまとめた書面のこと。一連の業務フローごとに作成する業務手順書と異なり、担当者・個人単位として、所属や職務の名称、職務の概要、遂行要件などが記載される。

ジョブ型雇用の検討とともに、メンバーシップ型雇用のメリット[144]を活かしながら、各企業にとって最適な「自社型雇用システム」の確立を目指していくことが望まれる。

図表1-21　ジョブ型雇用の導入・活用に向けた論点（例）

項　目	導入・活用に向けた論点（例）
①職務調査・分析	・社内における仕事（職務）の現状調査 ・職務分析によるジョブ型雇用に適した職務の洗い出し
②適用範囲	・当該職務の遂行に必要な知識や技術・技能、資格等の明確化 ・職務記述書（ジョブ・ディスクリプション）の作成 　※定型の書式・フォーマットによる簡易版の活用、研修の実施など ・職掌・職群別、職種別、資格別、職務・役割等級別など区分ごとに対象を検討
③処遇制度	・職務の価値や難易度、役割・ポストの重要度・責任の度合いなどによって決定 　※職務給・仕事給、役割給の導入・活用、職務・役割等級制度による運用 ・単一給（シングル・レート）のほか、一定の幅（上限額）を設定した範囲給（レンジ・レート）での運用も選択肢 ・成果や業績を適切に処遇へ反映する人事評価の実施
④採用・人材育成	・経験者に加え、新卒者も対象　※一括採用だけでなく、通年採用をより活用 ・能力開発・自己啓発と社内の人材育成システムを併用したジョブ型人材への育成 ・高度な知識やスキル、能力開発が必要な場合におけるリスキリングやリカレント教育の活用
⑤キャリアパス	・より上位の職務やポスト就任に伴う昇進・昇格の実施 ・メンバーシップ型雇用区分からジョブ型雇用区分への移行 ・管理職や経営層へ登用していくキャリアパスの形成

なお、退職金制度については、退職時の基本給と勤続年数に基づく年功的な算定方法から、成果や企業への貢献度などによって退職金額が決定するポイント制[145]への移行が進んでいる[146]。転職を含めたキャリアの検討や円滑な労働移動促進の観点から、そのあり方を検討することも考えられる[147]。

---

[144] 例えば、計画的で安定的な採用の実施、国際的に低い若年者の失業率への寄与、社員の高い定着率とロイヤリティの実現、人事異動を通じた自社に適した人材の育成と事業活動の多面的な理解促進などが挙げられる。

[145] 在職期間中の社員の成果や貢献度、功績を毎年ポイントに置き換えて付与し、退職時の累積ポイント数に単価を乗じて退職金額を算定する。年功的な要素を減らせるほか、企業への貢献度次第で退職金が大幅に増額することから、転職してきた社員や勤続年数の短い社員が不利になりにくいなどのメリットがある。ポイント制を導入している企業割合は長期的に増加傾向にある。経団連「退職金・年金に関する実態調査結果」によると、1994年9.3%、2000年20.3%、2006年50.8%となり、2012年（65.0%）以降、6割台で推移している（2021年は63.1%）。

[146] 退職時に支給していた退職金を廃止または選択制として、退職金相当額を給与や賞与などに上乗せする「退職金前払い制度」は、転職や早期退職による退職金算定の不利益が生じないなどのメリットがある。一方で、退職時にまとまった金額が受け取れず、その後の生活資金の不安や、退職所得控除による優遇税制が受けられないなどのデメリットが指摘されている。経団連「2021年9月度退職金・年金に関する実態調査結果」では、「すでに導入」が16.2%、「導入を検討」が0.8%、「導入予定はない」が83.0%であった。

[147] このほか、税制では、退職所得控除において、勤続20年超から勤続年数1年ごとの控除額が増加（40万円から70万円）することが、同一企業に長期勤続するインセンティブとされる一方、転職等を検討する働き手の選択を制約している一因（特に勤続20年前後）との指摘もある。

４．地方経済の活性化

（１）新たな人の流れの創出

地方においては、少子化による人口の自然減に加え、若年層をはじめとする人口流出による社会減が続いている。こうした状況下での地方経済の活性化には、デジタル等を活用した業務の効率化とともに、地元に定着して活躍し続ける人材の確保・育成と、域外からの新たな人の流れの創出が欠かせない。新たな人の流れの創出は、大規模自然災害に対する社会のレジリエンスを高める観点からも重要である。例えば、災害時の事業継続に備えて、本社機能を複数の地方拠点に分散するとともに、平常時はリモートワーク拠点として活用できるよう整備を進めている企業がある。

そのためには、人を惹きつける地域づくりが求められる。一部の地域では自律的な取組みによる暮らしやすく、魅力的な地域づくりが進みつつあり、こうした取組みが広く展開されることが期待される。自然や歴史、文化などの強みはもとより、その土地ならではの課題を熟知する様々な地元の関係者（地方別経済団体や自治体、地元企業、金融機関、教育・研究機関、農林水産業・観光団体等）の連携を強化することが重要である。その上で、地域経済の活性化に向けて、「誰が」「何を」やるのかを明確にしたグランドデザインを共有し、地域の自律的な取組みを推進する必要がある[148]。

グランドデザインの策定と実行にあたっては、ヒト・モノ・カネ・

---

[148] 例えば、静岡県浜松市では「浜松市デジタルファースト宣言」（2019年10月）に基づき、デジタル・スマートシティ構想を推進している。具体的には、①オープンイノベーション、②市民起点/サービスデザイン思考、③アジャイル型まちづくりの３つの視点から、「市民ＱｏＬ（生活の質）の向上」と「都市の最低化」を目指して取り組んでいる。企業や金融機関、経済団体、地域の大学等で構成する「浜松市デジタル・スマートシティ官民連携プラットフォーム」を中核として、官民連携により、地域課題の解決とイノベーション・新たなビジネスを創出するエコシステムの形成を図っている。

情報などの資源を地元だけでは十分確保できないケースがあることから、多様な資源を保有する大企業を含めた都市部の企業の関わりも重要である。なかでも、農林水産業や観光業など従来から地域を支える産業におけるＤＸやバイオマス・地熱・洋上風力などを活用したＧＸの担い手、さらには、製品やサービスの高付加価値化をけん引する経営人材など、地域経済の活性化に欠かせない人の確保が課題となる地域は多い。そうした地域では、大企業のＯＢ・ＯＧを含む都市部の人材に対する期待は大きい。

都市部の人材の受入れ側となる地方においては、性別や国籍、年齢、雇用形態などにかかわらず、多様な人材が活躍できる環境の整備がこれまで以上に求められる。地域の特性・資源を活かした活気あふれるまちづくりや産業振興のほか、交通インフラおよび医療体制や教育機関の整備、地方居住を選択した人が安心して生活できることが肝要である。また、送り出し側となる企業には、テレワークを最大限に活用するとともに、円滑な労働移動を支援する公的な仕組み等[149]も利用し、地方創生の実現に向け、地方への人材の還流を一気呵成にサポートしていく姿勢が期待される。加えて、新たな人の流れの創出に向けては、地域に深く長く関わる機会を拡大する手段として、「ワーケーション」の推進が期待される。「ワーケーション」とは、「普段の職場とは異なる地域への滞在とともに行うテレワーク」であり、導入企業、観光関連事業者、受入れ地域それぞれに効果をもたらす「三方よし」を体現

[149] 内閣官房・内閣府が推進する「企業版ふるさと納税人材派遣型」や「プロフェッショナル人材事業」、金融庁「地域企業経営人材マッチング促進事業」などがある。

する可能性[150]を秘めている[151]。

経団連は、「夏季フォーラム2022行動宣言」において、政府に対し、地方の人材の成長・活躍につながる施策の推進を提言している。同宣言では、自らの取組みとして、副業・兼業や多様な働き方の推進、会員企業の人材（ＯＢやＯＧ含む）と地方自治体・中小企業を含む地域企業のマッチングに向け、政府等との連携による説明会や交流会の開催を掲げている。

また、全国知事会との間で2022年７月に締結した「協働推進宣言」では、地域における価値協創体制を確立しながら社会課題の解決に共に取り組んでいくことを掲げ、協働の基本的な方向性の柱の１つとして、「人をつなぎとめ、新たな流れをつくる」ことを発信している。これらの具体化に向けた活動は、経団連「地域協創アクションプログラム」（2021年11月）[152]に基づいて推進している[153]。

こうした地域の垣根を越えた交流の促進は、地方における人材不足の一時的な対応にとどまらず、地域と強い関係を持つ関係人口の拡大、ひいては定住人口の拡大が期待される。働き手にとっても自らの意思に基づいた活躍の場の選択につながることから、年齢や在籍の要件をはじめ、制度のさらなる拡大や利用促進に向けた柔軟な見直し等を政府に働きかけていく。

---

150 企業では働き手の健康増進や生産性向上などの効果が、観光関連事業者では新たな観光のスタイルの確立による事業拡大が、受入れ地域においては経済効果のみならず交流人口や関係人口の増大が期待される 。

151 仕事と余暇の混在への不安などから、ワーケーションが企業において本格的な浸透には至っていないことを踏まえ、経団連は2022年７月に「企業向けワーケーション導入ガイド」を公表し、懸念の解消によるワーケーションの社会的浸透に努めている。

152 地方創生の実現に向けた取組み方針とそれに基づく様々な連携パートナーとの実行内容をまとめたもの。

153 自治体や企業で活躍する人材の創出に向けた政府施策として、内閣官房・内閣府が進める「企業版ふるさと納税人材派遣型」や「プロフェッショナル人材事業」などの周知を積極的に行うとともに、総務省や金融庁との連携の下、自治体とのマッチングの機会を設けていく予定。

図表1-22　全国知事会との「協働推進宣言」

全国知事会
National Governors' Association

Keidanren
Policy & Action

全国知事会・日本経済団体連合会　協働推進宣言

全国知事会と日本経済団体連合会は、すべての国民が輝ける活力ある地方を創出するために、地域における価値協創体制の確立と社会課題の解決に向けたアクションを協働で推進します。

令和４年７月２８日

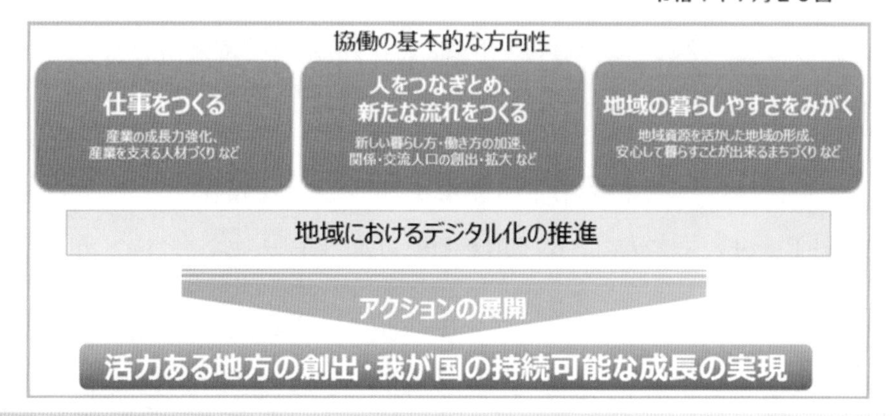

（２）中小企業における生産性向上とイノベーション創出

地域経済の重要な担い手である中小企業が持続的な成長を実現していくためには、経営課題を客観的に把握し、経営戦略の見直しや働き方改革の推進などが不可欠である。外部人材の受入れは、そのための有効な選択肢となる。地域外からの人の流れの創出に加えて、地域内でのステークホルダーとの連携や協働の推進は、企業とステークホルダーの双方にとってプラスとなるばかりでなく、地域全体の活性化にもつながることが期待される。各地域には、高い知見や専門性を持つステークホルダーが複数存在している。例えば、地方の大学が持つ技術を核として、中小企業や地方銀行、地方公共団体、さらに域外を含めた大企業やスタートアップ企業等が連携してイノベーション・エコシステムを構築し、各主体が強みを発揮しながら、生産性向上とイノベーション創出をリードしていくことが望ましい。

人材の確保や新しいビジネスの創出など、中小企業が直面する経営課題の解決に向け、知見や専門性を持つ地域のステークホルダーと企業の協働を後押しする取組みは広がりつつある。例えば、地方の中小企業の経営を担う幹部候補や中堅クラスの人材確保に関しては、金融庁が「地域企業経営人材マッチング促進事業」を展開している[154]。地域の事情に精通した金融機関が仲介役を担うことで、中小企業の経営課題やニーズに沿った人材マッチングを可能としている。

新たな価値創造に向けて、社外組織と積極的に連携するオープンイノベーション[155]も有効な手段である。政府は、「地域オープンイノベーション拠点選抜制度」を通じて、大学等を中心とする地域イノベーションを推進しているほか、各地域で「オープンイノベーション・チャレンジピッチ」を開催し、中小企業とスタートアップとの間の商談マッチングなど、共創機会の提供に取り組んでいる。中小企業にとっては、自社だけでは困難な新規事業の検討やＤＸやＧＸなどの推進において効果が期待できる。

一方、企業が抱える経営課題は、人口減少や産業構造の変化など、地域の社会課題と重なる部分が多いことから、地域の教育・研究機関が企業と連携してその解決に取り組む動きが広がっている。大学などの教育・研究機関との連携・協働には、共同研究やインターンシップ、ビジネスコンテストなど多様な形態がある[156]。学生など若い世代のアイデアや教育・研究機関が持つ知見は、企業にとって、経営課題の解決だけでなく、新たなビジネスの創出にもつながることが期待できる。

---

[154] 都市部の大企業と地方の中小企業との人材マッチングの仕組みについては、49 頁「③ 雇用マッチング機能の強化」参照。

[155] オープンイノベーションには、外部技術を社内に取り込むインバウンド型、連携先の組織が持つチャネルを活用して自社の技術・ノウハウを新たな開発や製品化につなげるアウトバウンド型がある。

[156] 例えば、信州大学が中心となって金沢大学、富山大学と連携して推進する「ENGINE（エンジン）」では、地域の基幹産業の課題解決を担う人材の育成を目指した教育プログラムを展開している。受講者はプロジェクトマネジメントやデータサイエンス等の教育プログラムを受けた上で、連携企業でのインターンシップを行い、学生が実践的に企業の課題解決に取り組んでいる。若年者の地域での就職率向上も期待されている。

5. 最低賃金

（1）地域別最低賃金

2022 年度の目安審議は、「できる限り早期に最低賃金の全国加重平均が 1,000 円以上」「公労使三者構成の最低賃金審議会で、生計費、賃金、賃金支払能力を考慮し、しっかり議論する」との政府方針[157]に配意しつつ、異例の採決となった 2021 年度の審議[158]を強く意識して行われた。当初の審議日程を延長して議論を重ねた結果、公益委員より、A・Bランク 31 円、C・Dランク 30 円の引上げ目安が示された[159]。これに対し、労使とも不満の意を表明したものの、公益委員見解を各地方最低賃金審議会へ提示することはやむなしと了承した。

目安を参考に審議が行われた各地方最低賃金審議会の結審状況は、「全会一致」の９件に対し、「使用者側全員反対」が 33 件であった。引上げ額[160]は、目安同額が 25 件で最も多いものの、Dランクでは 16 件中 15 件が目安額を上回り、かつ「使用者側全員反対」で結審するなど、労使の隔たりが目立っている。改定後の全国加重平均額は 961 円（+31 円）、引上げ率は 3.3%であった。

改定後の最低賃金額を下回る賃金で働いている労働者の割合を示す影響率は、コロナ禍の影響により１円の引上げ額（全国加重平均）と

---

157 政府「経済財政運営と改革の基本方針 2022」（2022 年６月）では、「できる限り早期に最低賃金の全国加重平均が 1,000 円以上となることを目指し、引上げに取り組む。（中略）その引上げ額については、公労使三者構成の最低賃金審議会で、生計費、賃金、賃金支払能力を考慮し、しっかり議論する」とされた。

158 目安審議では、労働者側と使用者側の主張が大きく隔たる中、公益委員が見解を示し、それに対して労使とも不満の意を表明しつつ、地方最低賃金審議会に提示することは「やむなし」とすることが長年の慣行となっている。こうした中、2021 年度の目安審議において、「大幅な引上げ」を求める労働者側委員と「現行水準の維持」を訴える使用者側委員との主張に隔たりが大きく、「全地域同額 28 円引上げ」との公益委員見解が示された。それに対し、一部使用者側委員から「公益委員見解を地方最低賃金審議会に示すことは適当でない」との意見表明とともに異例となる採決を要請した（「反対意見少数」で可決）。

159 経済実態に基づいて 47 都道府県をＡＢＣＤの４ランクに区分して目安を示している。現在、Ａランクは６都府県、Ｂランクは 11 府県、Ｃランクは 14 道県、Ｄランクは 16 県となっている。

160 目安同額は 25 件（Ａランク６件、Ｂランク８件、Ｃランク 10 件、Ｄランク１件）、目安額＋１円は９件（Ｂランク３件、Ｃランク４件、Ｄランク２件）、＋２円は８件（すべてＤランク）、＋３円は５件（すべてＤランク）。

なった2020年度（4.7%）を除き、近年は10%超が続いている（2021年度16.2%）。2022年度の影響率はさらに高くなることが見込まれる。

図表1-23　地域別最低賃金額・引上げ率と引上げ額・影響率の推移

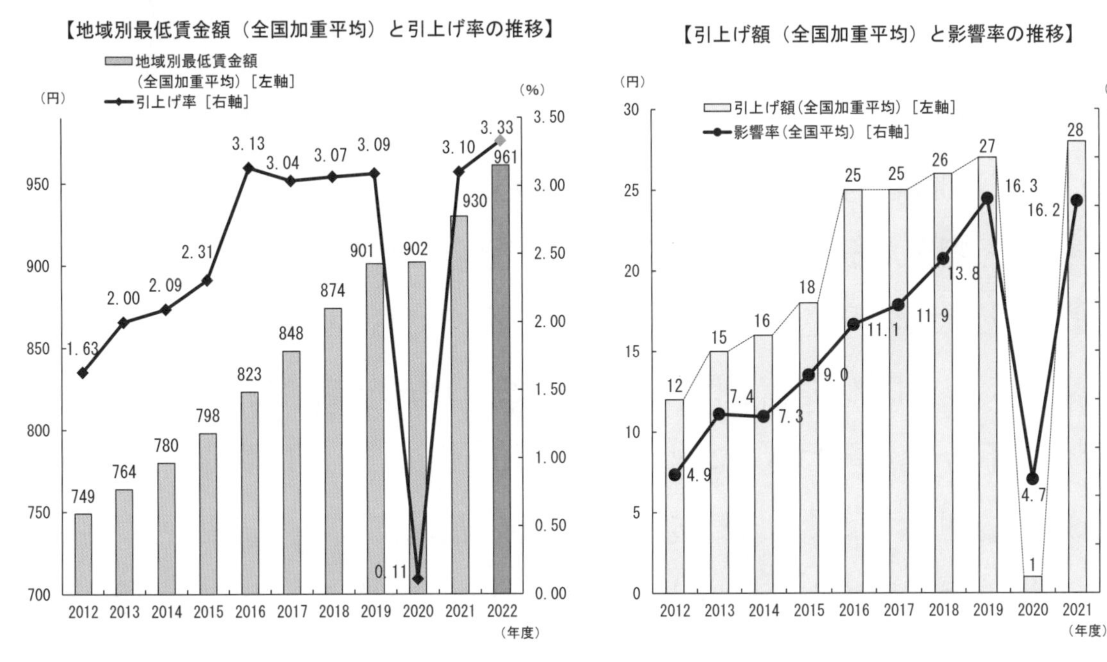

注：影響率は、事業所規模30人未満（製造業は100人未満）。
出典：厚生労働省「最低賃金に関する基礎調査」をもとに経団連事務局にて作成

2022年度の目安審議にあたって、使用者側は、最低賃金法で定める決定の原則[161]に基づき、各種調査結果や指標、データなど明確な根拠による審議を強く要請した。その結果、従来に比べて目安額の根拠がある程度示されたものの、消費者物価の上昇を受けて「労働者の生計費」が特に重視され、企業の「賃金支払能力」の観点からは厳しい目安額となった。このことは、「使用者側全員反対」の結審が全体の７割を占め、「全会一致」が２割に満たないことにも表れている。公労使三者構成による審議会において、そのうちの一方が「全員反対」で結審した地域が大勢を占める状況が複数年度にわたって常態化した場合に

---

[161] 最低賃金法９条２項「地域別最低賃金は、地域における労働者の生計費及び賃金並びに通常の事業の賃金支払能力を考慮して定められなければならない」のこと。

は、目安制度[162]とあわせて、「審議会方式」による決定方式自体の見直しを検討せざるを得ないとの危機感を関係者間で共有すべきである。

改定された地域別最低賃金は、公示等の手続きを経た後、例年、10月１日から順次発効され、概ね10月中に全地域で発効される[163]。各地方最低賃金審議会による答申は８月中がほとんどであり、答申から発効までの期間は非常に短い。2018年度以降、過去最高の引上げ額（全国加重平均）が続き[164]、短期間で対応を迫られる企業が少なくないことは、影響率の高さからも明らかである。にもかかわらず、答申から発効までの期間が従前とほぼ変わらない日程が維持されていることは、極めて不合理と言わざるを得ない。最低賃金引上げに真摯に対応する企業を後押しすべく、十分な準備期間の確保に向けて、例えば年初めの１月や年度初めの４月など発効日の柔軟な設定について、関係者間での検討を強く求めたい[165]。

また、わが国の最低賃金の水準が国際的に低いことや、諸外国が大幅な引上げを実施していることなどを理由に、日本の最低賃金を大きく引き上げるべきとの意見がある。国際比較においては、為替レートや各国の経済実態はもとより、適用除外の有無や減額措置の範囲・手続き方法など、最低賃金制度自体に大きな違いもあり、一概に比較できないことに留意が必要である。

---

[162] 目安制度については「目安制度の在り方に関する全員協議会（目安全協）」において、概ね５年ごとに見直しの議論を行うこととされている。直近では2021年５月から開催されている（目安審議期間中は中断）。2022年度内に目安全協報告を取りまとめるべく、①中央最低賃金審議会における目安審議のあり方、②地方最低賃金審議会における審議に関する事項、③中央最低賃金審議会における目安審議に用いる参考資料を中心に議論が行われている。

[163] 2022年度は、８月23日までにすべての地方最低賃金審議会が答申し、10月１～20日にかけて順次発効。

[164] 引上げ額（全国加重平均）は、1999年度（＋５円）から2006年度（＋５円）まで一桁で推移した。法改正により生活保護費との乖離解消が求められた2007年度以降は10円台で推移（2011年度除く）し、2016年度（+25円）からは20円台半ば（2020年度除く）、2022年度に初めて30円台（+31円）となった。

[165] 最低賃金法14条２項「地域別最低賃金の改正の決定は、前項の規定による公示の日から起算して30日（公示の日から起算して30日を経過した日後の日であって当該決定において別に定める日があるときは、その日）から、（中略）その効力を生ずる」とある。各地方最低賃金審議会の決定によって発効日を設定することは可能である。

図表1-24　主要国の最低賃金額と適用除外・減額措置

	イギリス	フランス	ドイツ	アメリカ	韓国	日本
最低賃金額（発効時期）	1,527円 （2022年４月）	1,567円 （2022年８月）	1,698円 （2022年10月）	・連邦最低賃金 956円（2009年７月） ・ロサンゼルス 2,116円（2022年７月）	1,020円 （2023年１月）	961円 （2022年10月）
適用除外	・高等教育のコース等での就業体験、就学義務年齢（通常16歳）に満たない労働者 ・軍人、政府の雇用プログラム参加者等	労働時間を把握することができない労働者（訪問販売員などの一部）	・未成年者（18歳未満） ・職業訓練実習生の一部 ・長期失業者の就職時（開始から６ヵ月）等	（連邦最低賃金） ・管理職、専門職等 ・小規模従業員等 （州別最低賃金） ・州により異なる	精神又は身体の障害により労働能力が著しく低いもの	－
減額措置	（全国最低賃金） ・21～22歳 9.18ポンド／時 ・18～20歳 6.83ポンド／時 ・16～17歳 4.81ポンド／時 ・見習訓練生 4.81ポンド／時	・18歳未満で職歴が６ヵ月未満の者 ・見習い契約による訓練生 ・職業化契約による若年被用者等	－	（連邦最低賃金） ・20歳未満の労働者 （雇い始めから90日間） ・障害者 ・チップを得る従業員 ・学生 （州別最低賃金） ・州により異なる	修習・試用期間中の者（１年未満の契約労働者除く）	都道府県労働局長の許可を受けることにより減額適用 ・精神または身体の障害により著しく労働能力が低い者 ・試用期間中の者 ・基礎的な技能等を内容とする認定職業訓練を受ける者のうち一定の者 ・軽易な業務に従事する者 ・断続的労働に従事する者

注：最低賃金額は2023年１月10日時点のレートで円換算。
出典：厚生労働省「中央最低賃金審議会目安に関する小委員会」（2021年６月22日）の資料などをもとに経団連事務局にて作成

地域別最低賃金は、生産性向上による収益の安定的な増大を伴う形で引き上げていくことが重要である。最低賃金引上げに向けた環境整備にあたっては、その影響を直接受けやすい中小企業と中小企業団体の意見を十分に踏まえ、生産性向上に資する実効性の高い支援策の実施・拡充[166]と利用実績の検証が不可欠である。

また、近年の大幅な最低賃金引上げによって、就業調整[167]を行う働き手が年収要件内で就業できる労働時間の減少、就業調整の開始時期の早期化に伴う年末の人手不足なども指摘されている。最低賃金引上げが働き手の処遇改善や世帯収入の増大につながるよう、政府には、働き方に中立的な税制・社会保障制度への見直しが望まれる。

---

[166] 一例として、2022年９月１日からの業務改善助成金制度の拡充が挙げられる。具体的には、原材料費高騰等の要因で利益率が減少した中小企業・小規模事業者も特例の対象（特例事業者）とし、これらの事業者の設備投資等に対する助成範囲の拡大、事業場内最低賃金が低い事業者に対する助成率の引上げなどの支援拡充が図られた。さらに、2022年12月には、総合経済対策の一環として、事業場規模30人未満の事業者における助成上限額の引上げ、特例事業者における生産性向上に資する設備投資などに関連する助成対象経費の拡充、事業場規模100人以下とする要件の廃止などの拡充が行われた。

[167] 詳細は43頁「③就業調整」、81頁TOPICS「就業調整の状況」参照。

（2）特定最低賃金

産業別の「特定最低賃金」は本来、「地域別最低賃金を上回る水準が必要と認められる場合」に、関係労使の申出を受けて公労使三者の「全会一致」の議決を経て設定されるものである[168]。しかし、近年の地域別最低賃金の大幅な引上げによって、その差額（全国加重平均）は急激に縮まり、2021年度に逆転した[169]。また、個々の特定最低賃金額で見ても、地域別最低賃金額を下回るケースは増加傾向にある[170]。

このうち、複数年度にわたって地域別最低賃金を下回っている場合や、地域別最低賃金との乖離額が大きい特定最低賃金については、当該地域の地域別最低賃金が適用され、実質的な意味を成していないことから、廃止に至ったケース[171]も参考にしながら、関係労使間で速やかに廃止に向けた検討を開始すべきである。

さらに言えば、当該特定最低賃金が地域別最低賃金を下回っている年数とその乖離額、適用される使用者数と労働者数[172]、新設から廃止までの年数などを検証[173]し、一定の要件を満たした場合に廃止の手続

---

[168] 「新しい産業別最低賃金の運用方針について」了解事項（1982年1月14日中央最低賃金審議会答申）において、「関係労使の申出に基づく最低賃金の決定、改正又は廃止の必要性について（中略）最低賃金審議会は全会一致の議決に至るよう努力するものとする」とされている。

[169] 地域別最低賃金額（全国加重平均）との差額は、2010年度+66円、2015年度+42円、2020年度＋３円となり、2021年度に－８円となった。

[170] 地域別最低賃金額未満の特定最低賃金は2013年度20件、2022年度78件（全226件中）であった。このうち、複数年度続けて下回った特定最低賃金は59件（75.6%）、５年以上連続は39件（50.0%）となっている。

[171] 最低賃金法17条には、「厚生労働大臣又は都道府県労働局長は、（中略）特定最低賃金が著しく不適当となったと認めるときは、その決定の例により、その廃止の決定をすることができる」と記されている。2010年度以降、廃止された特定最低賃金（地域別最低賃金未満）24件のうち、16件が都道府県労働局長の職権による。

[172] 「中央最低賃金審議会産業別最低賃金制度全員協議会報告」（2002年12月6日中央最低賃金審議会了承）では、適用労働者数の要件について、「新産業別最低賃金における『相当数の労働者』の範囲についても、原則として1,000人程度とし、地域、産業の実情を踏まえ、1,000人程度を下回ったものについては、申出を受けて、地方最低賃金審議会において、廃止等について調査審議を行うこととする」とされている。

[173] 例えば、2010年以降に廃止された特定最低賃金のうち、地域別最低賃金額未満かつ適用労働者数1,000人超であった16件（関係労使の申出４件、都道府県労働局長の職権による廃止12件）で集計すると、地域別最低賃金を下回っていた年数は平均４年、乖離額は平均70円、適用使用者数は平均575人、適用労働者数は平均16,548人、新設から廃止までの年数は平均26年となっている。

きに入るといった「廃止のルール化」を検討することも考えられる。

ルール化の検討を通じて、現時点で本当に必要な特定最低賃金を関係者間で確認し、当該特定最低賃金は適正な水準で存続させる一方、実効性と必要性を失った特定最低賃金は関係者間で設定したルールに則って廃止するなど、踏み込んだ検討が必要な時期にきている。

図表 1-25　特定最低賃金の廃止状況（2010 年度以降）

①関係労使の申出による廃止（地域別最低賃金未満のもの）

	特定最低賃金	①金額（廃止時点）(円)	②地域別最低賃金額 (円)	③乖離額（①-②）(円)	連続して地賃額未満となった年数	適用される使用者数	適用される労働者数 (人)	新設から廃止までの年数
2018年度	滋賀（鉄鋼）	775	839	-64	3年(2016年度～)	23	970	29年
2016年度	茨城（一般機械）	726	771	-45	3年(2014年度～)	1,057	37,640	28年
	茨城（電気機械）	723	771	-48	3年(2014年度～)	993	32,460	28年
2014年度	徳島（繊維）	652	679	-27	3年(2012年度～)	5	100	25年
2013年度	北海道（輸送機械）	711	734	-23	2年(2012年度～)	115	1,400	22年
2011年度	石川（金属）	676	687	-11	2年(2010年度～)	476	5,000	22年
	滋賀（繊維）	696	709	-13	2年(2010年度～)	189	1,000	24年
2010年度	岐阜（繊維）	700	706	-6	1年(2010年度～)	18	800	20年

②都道府県労働局長の職権による廃止

	特定最低賃金	①金額（廃止時点）(円)	②地域別最低賃金額 (円)	③乖離額（①-②）(円)	連続して地賃額未満となった年数	適用される使用者数	適用される労働者数 (人)	新設から廃止までの年数
2022年度	京都（印刷業）	765	968	-203	10年(2013年度～)	719	7,560	33年
2020年度	京都（自動車小売）	741	909	-168	11年(2010年度～)	1,319	9,660	31年
2019年度	福井（各種商品小売）	750	829	-79	4年(2016年度～)	24	1,840	25年
2018年度	東京（出版）	857	985	-128	6年(2013年度～)	2,193	38,690	28年
	東京（各種商品小売）	792	985	-193	9年(2010年度～)	362	44,760	25年
	高知（道路貨物）	720	762	-42	2年(2017年度～)	43	320	45年
2017年度	富山（鉄鋼）	753	795	-42	2年(2016年度～)	5	1,260	28年
2014年度	富山（製紙）	705	728	-23	2年(2013年度～)	9	800	25年
	岐阜（窯業）	714	738	-24	2年(2013年度～)	1,015	8,500	24年
	大阪（各種商品小売）	768	838	-70	5年(2010年度～)	277	49,400	24年
	兵庫（繊維）	751	776	-25	2年(2013年度～)	305	3,000	26年
	福岡（各種商品小売）	710	727	-17	2年(2013年度～)	215	20,600	24年
	熊本（繊維）	647	677	-30	3年(2012年度～)	8	700	24年
2012年度	山形（家具）	636	654	-18	3年(2010年度～)	75	1,500	22年
	山形（精密機械）	634	654	-20	3年(2010年度～)	51	1,500	22年
2011年度	三重（紡績）	711	717	-6	2年(2010年度～)	6	400	21年

注：①および②は廃止時点の金額。適用される使用者数・労働者数は廃止の前年度3月末時点。
出典：厚生労働省の資料などをもとに経団連事務局にて作成

TOPICS

テレワークの現状と課題

（1）テレワークの現状

コロナ禍を契機として、テレワーク（在宅勤務）を導入・拡充する企業が増加した。テレワークの実施率の推移（全国平均）をみると、コロナ禍前（2019年12月）は10.3%であったが、緊急事態宣言発令時の2020年５月には27.7%となった。その後は30%前後で推移しており、直近（2022年６月）では30.6%となっている。地域別（2021年以降）では、相対的に感染者数が多く大企業が集積する都市圏（東京23　区）が50%台である一方、地方圏は20%程度で推移するなどの違いがみられる[174]。

図表 1-26　地域別のテレワーク実施率

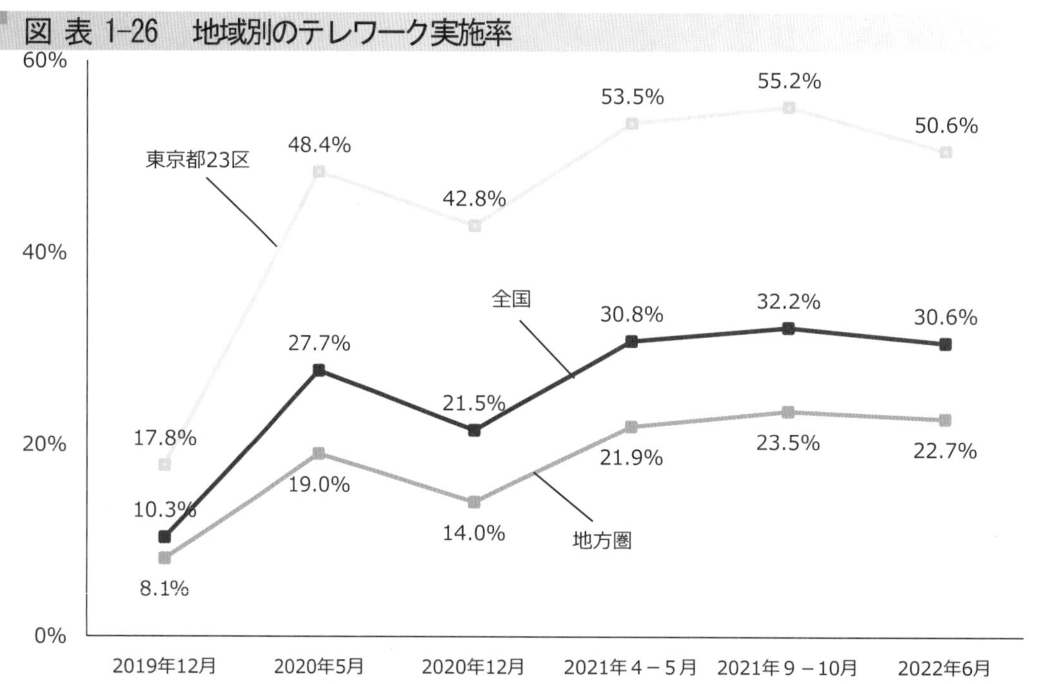

注：「テレワーク（ほぼ100%）」「テレワーク中心（50%以上）で定期的にテレワークを併用」「出勤中心（50%以上）で定期的にテレワークを併用」「基本的に出勤だが不定期にテレワークを利用」のいずれかに回答した人の割合。
出典：内閣府「第５回 新型コロナウイルス感染症の影響下における生活意識・行動の変化に関する調査」（2022年７月）

（2）テレワークの課題

経団連の調査では、テレワークの活用方針として、「部門・職種の特性等に応じて、各社員がテレワークと出社を選択できる働き方を推進」との回答（68.4%）が最も多い。これに「テレワークを中心とした働き方を推進」（3.5%）を加えると、７割超（71.9%）の企業がテレワークを推進する方針としている。実施回数については、「上限回数は設けていない」が59.7%

174　業種別の実施率（2022年６月）をみると、「情報通信業（75.9%）」「電気・ガス・水道業（46.4%）」「製造業（40.7%）」などで高くなっている。他方、「その他のサービス業（対人サービス）（22.3%）」「小売業（16.2%）」「運輸業（15.5%）」など、現場業務を中心とする業種においても一定程度実施されている。

と半数超を占めている。「上限回数を設けている」は 24.6%で、このうち、「週２日／月８日程度」（45.0%）が最も多い[175]。

また、テレワークに関する直近３年程度の取組みのうち、課題として認識している項目では、「個々人の役割・目標成果・業務手順の明確化」（45.7%）、「過重労働対策（勤務管理システムの整備、時間外労働時間の見える化等）」（32.8%）、「メンタルヘルス対策（パルスサーベイの導入、相談窓口の整備等）」（29.9%）などが挙げられている[176]。

テレワークは、ＢＣＰ対策やワーク・ライフ・バランスの実現、ＤＥ＆Ｉの推進に資するなど様々なメリットがある。加えて、就労環境の整備やマネジメントの見直しを進めることで業務の効率化につながる施策となり得る。企業は、自社に適した形でテレワーク（在宅勤務、サテライトオフィス勤務、モバイルワーク含む）に取り組み、柔軟な働き方を実現する手段として推進していくことが望まれる。

（３）テレワークの導入・活用に必要な取組み

テレワークの導入に向けては、経営トップが自社の目指す働き方のビジョンやテレワーク推進の目的を示すことがまず重要である。次に、人事部門や情報システム部門等が連携し、全社で多面的に柔軟な働き方に適した環境を整備する必要がある。その上で、各部門・職場では、自律的な業務遂行やコミュニケーションの効率化、テレワークと出社のベストミックスを検討・実践していくことが求められる。

テレワークの活用にあたっては、業務のデジタル化や経済的支援など「就労環境・支援制度の整備」と、業務遂行やコミュニケーションなど「マネジメントの見直し・実現」の両面から取り組むことが必要となる。

就労環境・支援制度の整備としては、①業務のデジタル化やオフィスの機能・魅力の強化など就労環境の整備、②現場業務のリモート化の推進[177]、③手当・一時金など経済的な支援、④遠隔地勤務制度やワーケーションなど働く場所を選択できる制度の導入・拡充などが求められる。また、マネジメントの見直し・実現に向けては、①自律的な業務遂行の推進、②ＩＣＴツールを活用したコミュニケーションの効率化・活性化、③適切な健康管理・労働時間管理、④効果的なＯＪＴ・Ｏｆｆ－ＪＴの実施による人材育成施策の拡充などを着実に進めることが有効である。

自律的な業務遂行とあわせて、部下の成長を支援することが不可欠である。とりわけ、テレ

---

[175] 経団連「2022 年人事・労務に関するトップ・マネジメント調査結果」
[176] 経団連「2022 年人事・労務に関するトップ・マネジメント調査結果」
[177] 経団連「2022 年人事・労務に関するトップ・マネジメント調査結果」によると、直近３年程度における現場業務のリモート化について、「（明確にまたは一定の）進捗がみられる」が 34.5%、「あまり進捗がみられない」が 18.6%となっている。具体的な取組みとしては、「製造現場での遠隔監視、数値データの自動記録・分析」「建設現場における計測と帳票作成の自動化」「オンラインでの提案やＷＥＢ・アプリ手続きの拡大」などが挙げられている。他方、「実施していない」は32.8%であった。

ワークでは、上司が部下の業務遂行状況を直接把握する機会が少なくなるため、目標や成果の評価において、部下（被評価者）の納得性を高める仕組みが求められる。重視する評価基準（能力、成果、行動、意欲等）をあらかじめ明確に提示し、仕事・役割・貢献度を基軸とした人事賃金制度の適切な運用のほか、日次・週次の業務報告の活用などにより、行動を可視化する工夫も必要となる。

また、過重労働防止に向けては、労働時間管理の徹底を基本として、緊急時以外の時間外や深夜・休日のチャット・メールを控えるなど「つながらない時間」のルール化、勤務間インターバル制度の導入などが有効な施策となる。

さらに、メンタルヘルス対策として、セルフケアとラインケアを支援する施策の充実が求められる。例えば、オンラインでの定期的な問診（パルスサーベイ）の実施や、オンライン相談窓口の整備、心身の健康維持に役立つイベント・研修の実施、マインドフルネスアプリ[178]の提供などが考えらえる。

図表1-27　テレワークの活用に必要な取組み

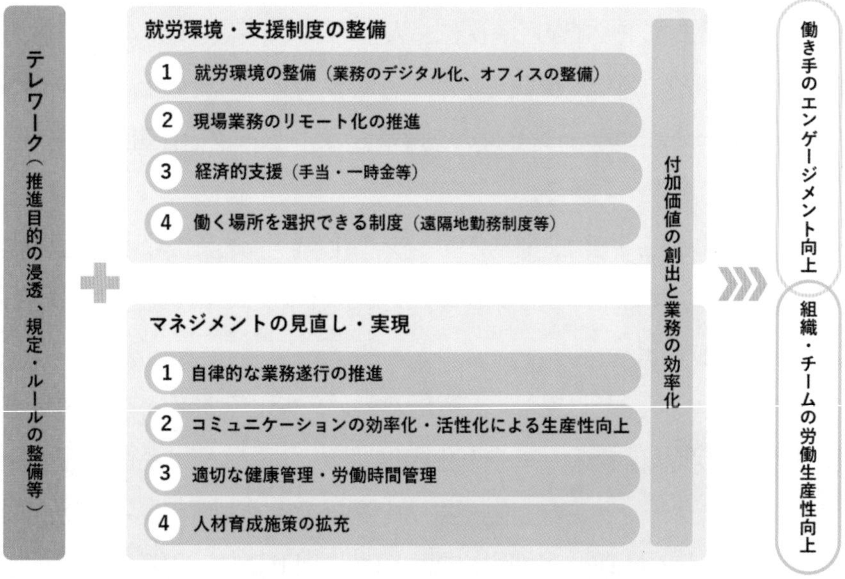

テレワーク（推進目的の浸透、規定・ルールの整備等）

＋

就労環境・支援制度の整備

1 就労環境の整備（業務のデジタル化、オフィスの整備）
2 現場業務のリモート化の推進
3 経済的支援（手当・一時金等）
4 働く場所を選択できる制度（遠隔地勤務制度等）

マネジメントの見直し・実現

1 自律的な業務遂行の推進
2 コミュニケーションの効率化・活性化による生産性向上
3 適切な健康管理・労働時間管理
4 人材育成施策の拡充

付加価値の創出と業務の効率化

働き手のエンゲージメント向上

組織・チームの労働生産性向上

出典：経団連「エンゲージメントと労働生産性の向上に資するテレワークの活用」（2022年4月）

テレワーク活用の目的は、多様で柔軟な働き方を可能とすることにより、働き手のエンゲージメントを高め、自律性の発揮を促すことで、組織・チームの付加価値を最大化していくことにある。そのために、企業は、業務における目標や行動、働き手の健康状態、労働時間などのマネジメントをしっかりと行いながら、働き手における目標達成と成果の実現を図っていくことが望まれる。

---

[178] マインドフルネスとは「今、この瞬間の自分の精神状態に能動的に意識を向けること」とされる。ビジネスの領域においても、働き手のストレス軽減や集中力向上に効果があるとして取り組む企業が増えている。瞑想やリラックスのための音声コンテンツ、バイタルデータの記録等の機能を持つアプリケーションを社員に提供している。

TOPICS

副業・兼業

（1）副業・兼業の意義・実態

副業・兼業は、自身の能力をひとつの企業にとらわれずに幅広く発揮したい、様々な仕事を通じてスキルアップを図りたいといった働き手のニーズに応えるだけでなく、企業にとっても多様な人材の確保や、社内では得難い知見を活かしたイノベーションの創出が期待できるなど、導入のメリットは大きい[179]。導入の際には、例えば本業の労働時間が一定内であることを許可要件にするなど労働者の健康を確保し、機密情報の漏洩対策を取ることが重要である。政府「副業・兼業の促進に関するガイドライン」[180]にも、これらの留意事項が記載されている。

民間調査によると、副業・兼業実施者の約７割が「副業・兼業が自身のキャリア開発につながる」と感じている[181]。また、副業・兼業者を受け入れるスタートアップ、中小企業等にとって貴重な人材確保策となるなど、わが国の大きな課題である円滑な労働移動の推進にも資するものといえる。

経団連の調査では、回答企業の約７割が、自社の社員が社外で副業・兼業を実施することを「認めている」または「認める予定」と回答し、規模5,000人以上の企業に限ると８割を超える。2020年以降、「認めている」企業数が大きく増加しており、自律的なキャリア形成支援に積極的に取り組んでいる企業ほど、副業・兼業を認める傾向にある[182]。

副業・兼業を推進している企業では、社員に対する副業・兼業先の斡旋や、自治体が設置している「プロフェッショナル人材戦略拠点」に対する地方での副業・兼業を希望する社員の情報提供、社内イントラネットや広報誌で実際に副業・兼業を実施している社員の事例紹介などを行っている。これらを参考にしながら、副業・兼業を推進していくことが有益である。

副業・兼業は、働き手のキャリア形成のみならず、中小企業の生産性を向上させる効果が期待される。自治体の後押しやテレワークの活用によって副業・兼業者を受け入れ、ＤＸや商品開発、販路拡大、業務効率化など幅広い経営課題を解決している地方の中小企業が増えている。

---

179 経団連「副業・兼業に関するアンケート調査」（2022年10月）では、社外からの受入れ効果として、人材の確保（53.3%）が最も多く、社内での新規事業創出やイノベーション促進（42.2%）が続く。

180 同ガイドラインには、あらかじめ本業と副業・兼業先での就業時間に上限を設定し、労働者が上限の範囲内で就労することで、実質的に労働時間の把握が不要となる「簡便法」を示すほか、2022年７月の改定版からは①副業・兼業を許容するか否か、②条件付きで許容する場合の条件を公表することが望ましいとされている。なお、新しい資本主義実現会議では、副業・兼業を認めている企業によるその旨の公表義務化の方向性が示された。

181 パーソルプロセス&テクノロジー「副業／兼業の潜在ニーズに関する意識調査」（2021年３月）

182 経団連「副業・兼業に関するアンケート調査」（2022年10月）によると、「自律的なキャリア形成支援に積極的に取り組んでいる」企業において、自社の社員が社外で副業・兼業することを「認めている」または「認める予定」の企業は83.7%に上る。

図表1-28　副業・兼業を実施することを認めている＋認める予定の企業の推移

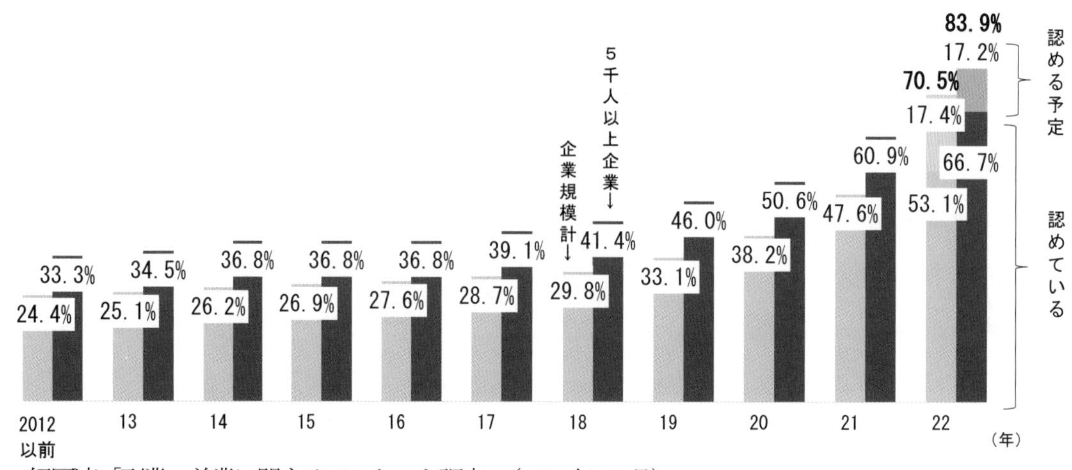

出典：経団連「副業・兼業に関するアンケート調査」（2022年10月）

（2）副業・兼業による中小企業の生産性向上

例えば、和歌山県の中堅メーカーは、プロフェッショナル人材戦略拠点の副業・兼業人材のマッチング事業を利用し、副業・兼業者を受け入れ、ＡＩ技術を活用した検査工程の自動化による生産性向上を実現した。

図表1-29　中小企業における副業・兼業の職種例

分類		職種
企画系	経営企画	経営戦略策定、財務分析、資金調達、広報、人事制度企画
	事業企画	新規事業立ち上げ全般、マーケティング、商品開発、販路拡大、ＰＲ・ブランディング
ＩＴ系	ＤＸ推進	ＥＣサイト立ち上げ、業務フローのＩＴ化推進、生産工程のＡＩ実装

現状、副業・兼業希望者の数に対して、募集職務の数が大きく下回っている。このため、中小企業に、自社の専門人材不足を補い、経営課題の解決や競争力の強化につながるというメリットを知ってもらいながら、副業・兼業者を積極的に受け入れることが期待される。その際、マッチングを高めるため、受入れ企業側には、自社の求める専門性や人物像を深堀し、条件を具体化すること、副業・兼業希望者側には、自身が保有する専門性・スキルの言語化や、受入れ先企業が抱える経営課題に寄り添った提案力・プレゼン能力の向上が求められる。

（3）一層の促進と今後の課題

今後は、Ｚ世代の若者等を中心に、「自分の力を試してスキルを高めたい」「社会的課題の解決や地方創生に役に立ちたい」と考える社員、同じ企業に勤め続けるのではなく、労働移動や副業・兼業を希望する社員の増加が予想される。労働力人口の減少が進む中、社会全体で多様な人材の活躍を推進するため、副業・兼業の一層の促進が求められる。政府は、企業の取組みを後押しすべく、副業・兼業者を前提としていない現行の労働時間法制を見直すべきである。

TOPICS

求められる安全衛生対策

2021年の労働災害による死亡者数は867人、休業4日以上の死傷者数は149,918人となった。このうち、死傷者数は23年ぶりの高水準となっている[183]。死傷災害の発生状況を業種別にみると、第三次産業が全体の53.7％（80,454人）を占め、「第13次労働災害防止計画（13次防）」の重点業種[184]である小売業、社会福祉施設、飲食店において、「転倒」「動作の反動、無理な動作」など、労働者の作業行動に起因する事故が目立つ。

労働衛生に目を向けると、行政が業務上疾病と認定し、労災保険の給付を決定した過労死等の事案は801件（2021年度）となった。とりわけ、パワーハラスメント等を要因とする精神障害の支給決定件数は過去最高の629件に上る[185]。このことを裏付けるかのように、働き手の２人に１人が、仕事や職業生活に関する強い不安やストレスを感じている[186]。一方、メンタルヘルス対策に取り組む事業所は６割程度にとどまっている[187]。

以上により、①第三次産業の安全対策、②メンタルヘルス対策が喫緊の課題といえる。

図表1-30　労働災害の発生状況

業種別労働災害発生状況（2021年）

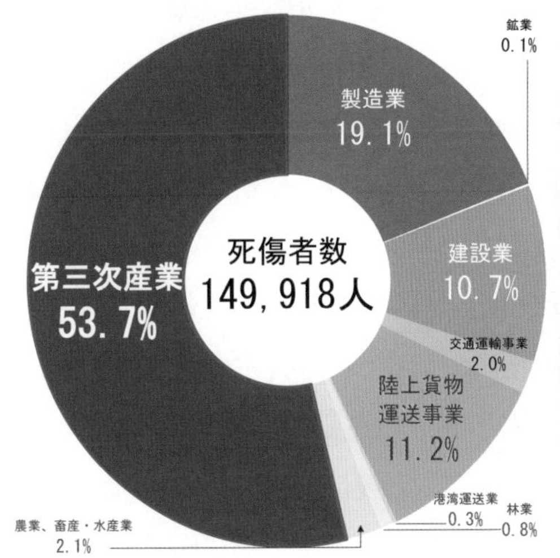

主な第三次産業の労働災害発生状況

業種			件数	割合
小売業	死傷者数		16,860人	
	事故の型別	**転倒**	5,893	35.0%
		動作の反動・無理な動作	2,556	15.2%
		墜落・転落	1,788	10.6%
		交通事故（道路）	1,552	9.2%
社会福祉施設	死傷者数		18,421人	
	事故の型別	**動作の反動・無理な動作**	4,539	24.6%
		転倒	4.336	23.5%
		墜落・転落	802	4.4%
		激突	657	3.6%
飲食店	死傷者数		5,095人	
	事故の型別	**転倒**	1,390	27.3%
		切れ・こすれ	901	17.7%
		高温・低温の物との接触	757	14.9%
		動作の反動・無理な動作	435	8.5%

注１：第三次産業における死傷災害のうち、上記３つの合計が50.2%に達する
注２：社会福祉施設及び飲食店の結果からは、
新型コロナウイルス感染症への罹患による労働災害を含む「その他」を除外

出典：厚生労働省「労働災害発生状況」

---

183 厚生労働省「労働災害発生状況」。新型コロナウイルス感染症への罹患による死亡・死傷者数を含む。

184 13次防では、「建設業」「製造業」「林業」「陸上貨物運送事業」「小売業」「社会福祉施設」「飲食店」を重点業種と位置付け、2017年と比較した死亡者数や死傷年千人率（１年間の労働者1,000人当たりに発生した死傷者数の割合）の減少目標を立てている。

185 厚生労働省「過労死等の労災補償状況」では、精神障害の発病に関与したと考えられる具体的な出来事の第１位は「上司等から、身体的攻撃、精神的攻撃等のパワーハラスメントを受けた」であった。

186 厚生労働省「令和３年労働安全衛生調査（実態調査）」によれば、現在の仕事や職業生活に関することで「強い不安やストレスとなっていると感じる事柄がある」と回答した労働者の割合は53.3%であった。

187 厚生労働省「令和３年労働安全衛生調査（実態調査）」によれば、メンタルヘルス対策に取り組んでいる割合を事業所別にみると、全体の平均59.2%に対し、10-29人の事業所は49.6%にとどまる。

（1）第三次産業の安全対策

製造業や建設業等と比較して、小売業や社会福祉施設等の第三次産業、特に中小事業場における安全対策の歴史は短く、安全文化が根付いているとは言い難い。まずは事業場における労使の意識高揚から着手する必要がある。具体的には、雇入時・作業内容変更時の教育の徹底[188]をはじめ、労働安全衛生法令に基づく義務を着実に実施し、５Ｓ（整理、整頓、清掃、清潔、躾）活動や職場に潜む危険の把握（ＫＹ〈危険予知〉活動）と危険箇所の「見える化」、「ヒヤリハット」報告など日常的な安全活動の定着を図ることが重要である。厚生労働省「職場のあんぜんサイト」では、安全衛生教育用の動画教材や業種別の対策ガイドライン、労働災害・ヒヤリハット事例集、企業の優良事例集などを掲載しており、取組みを検討する上で参考となる。

高年齢労働者が増加する中、事故の主な類型である転倒や腰痛には特に注意が必要である。上記の取組みに加え、スロープの設置や床・通路の滑り防止対策、不要な段差や隙間の解消、耐滑性に優れた靴の支給、重量物を取り扱う際の台車の使用、「ノーリフトケア[189]」のための福祉用具の導入など、転倒防止や腰痛対策[190]に効果が見込まれるハード面の整備も有効となる。行政の支援措置[191]の活用も視野に入れ、自社に導入可能な措置を講じていくことが望ましい。

（2）メンタルヘルス対策

厚生労働省「労働者の心の健康の保持増進のための指針」（2015 年 11 月改正）によれば、事業者のメンタルヘルス対策は、①未然防止、②早期発見・重症化予防、③職場復帰支援の３段階に分かれる。ストレスの少ない快適な職場環境を形成する観点からは、①未然防止が特に重要となる。具体的には、上司・同僚間のコミュニケーションの活性化（１on１ミーティング等）や、労働者・管理監督者へのストレスマネジメント研修の実施、社員が気軽に利用できる相談窓口の設置・周知、過重労働対策の推進、ハラスメント防止対策の徹底などが挙げられる。

事業場内の体制整備や人材確保が困難な中小企業では、労働者自身がストレスに気づき対処する「セルフケア」と、管理監督者による部下の異変の早期把握・対応等の「ラインによるケア」を中心に可能な取組みを進めるとともに、必要に応じて外部資源の活用も検討すべきである。一例として、各都道府県の「地域産業保健センター」が労働者の健康相談や医師による面接指導等を無料で実施しているほか、厚生労働省のポータルサイト「こころの耳」ではメンタルヘルスケアに関する様々な情報や相談窓口を提供している。

働き手の安全と健康の確保は、企業の責務である。労働災害のない職場づくりに向けて、企業は安全衛生対策を経営の重要事項と位置付け、取り組む必要がある。

---

[188] 厚生労働省「平成 30 年労働安全衛生調査（実態調査）」によれば、正社員に対する安全衛生教育の実施率を産業別にみると、第三次産業が相対的に低い結果が出ている。

[189] 腰痛予防のため、人力での持ち上げや抱え上げではなく、適切な福祉用具を使用して介護を行うこと。

[190] 厚生労働省「職場における腰痛予防対策指針」（2013 年６月改訂）は作業ごとの具体的な対策を示している。

[191] 「エイジフレンドリー補助金」「人材確保等支援助成金（介護福祉機器助成コース）」等がある。

TOPICS

インターンシップを核とした学生のキャリア形成支援

経団連と大学のトップで構成する「採用と大学教育の未来に関する産学協議会」(座長：十倉雅和経団連会長、大野英男就職問題懇談会座長）は、2022年４月、インターンシップを核とした学生のキャリア形成支援活動をタイプ１～４の４つに類型化し、2023年度から運用開始することで合意した。この産学合意には政府も賛同している[192]。

産学合意に至った背景として、２つの問題意識が挙げられる。第一に、国際的に独特といえるわが国のインターンシップを改め、就業体験を伴う「質の高いインターンシップ」を目指すことが不可欠なことである。わが国では「インターンシップ」と称しながら、実務を全く体験しない短期プログラムが存在している。学生は、採用に直接つながると期待してそのような短期プログラムに数多く参加し、学業を疎かにしているとの批判がある。こうしたプログラムは外国人留学生など海外の学生の理解が得られにくい上、学生のキャリア形成支援という本来の機能が発揮されているとは言い難い。学生が実務に真剣に取り組み、仕事の厳しさ・難しさを体験し、自らの能力・適性を見極めるインターンシップを普及・定着させる必要がある。

第二に、学生時代の早い段階から自らのキャリアを主体的に考える意識を醸成するためのプログラムが求められることである。人生100年時代やＶＵＣＡ[193]の時代を迎えて、多くの企業はイノベーション創出を目指し、多様な人材を求めており、採用・雇用の多様化・複線化が着実に進み、社員の主体的なキャリア形成を志向する傾向が強まっている。そのような企業側の意識の変化を踏まえ、産学が学生のキャリア形成支援に連携して取り組む必要がある。ただし、４類型はいずれも、学生にとって意義あるキャリア形成を目指す取組みであり、採用活動そのものではないことに留意すべきである。

このような考えの下、「インターンシップ」という名称を使用できるプログラムは、一定期間以上の就業体験を伴う、タイプ３と４に限定される。タイプ３と４の実施は企業にとって実務的な負荷が大きいため[194]、何らかのメリットが必要との考えから、各タイプのプログラムを通じて取得した学生情報の採用活動での活用について、「タイプ１・２は活用不可」「タイプ３・４は採用活動開始以降に限り活用可」としている。

企業には、学業との両立に配慮しつつ、来年度から自社が実施するプログラムの実施形態等を４類型に照らして再設計するなど、４類型の推進が望まれる。

---

192 文部科学省、厚生労働省、経済産業省は2022年６月13日、産学協議会の上記の４類型を全面的に採用する形で、「インターンシップの推進に当たっての基本的考え方」（３省合意）を改正した。

193 Volatility（変動性）、Uncertainty（不確実性）Complexity（複雑性）、Ambiguity（曖昧性）の頭文字をとり、先を見通せない予測不可能なありさまを示す用語。

194 例えば、タイプ３のプログラムは、図表 1-31 における【a】～【e】で示した５つの要件を満たす必要がある、とされており、職場の学生受け入れ負担は少なくない。

図表1-31　学生のキャリア形成支援活動（4類型）と主な特徴

タイプ1：オープン・カンパニー

〔目　　的〕個社や業界に関する情報提供・PR
〔代 表 例〕企業・就職情報会社や大学キャリアセンター主催のイベント・説明会
〔就業体験〕なし
〔参加期間〕超短期（短日）
〔実施時期〕学士・修士・博士課程の全期間
学業両立に配慮
（時間帯やオンラインの活用等）
〔学生情報〕活用不可

タイプ2：キャリア教育

〔目　　的〕働くことへの理解を深めるための教育
〔代 表 例〕大学等が主導する授業・産学協働プログラムや企業がCSRとして実施するプログラム
〔就業体験〕任意
〔参加期間〕授業・プログラムにより多様
〔実施時期〕学士・修士・博士課程の全期間
企業主催の場合は学業両立に配慮
（時間帯やオンラインの活用等）
〔学生情報〕活用不可

タイプ3：汎用的能力・専門活用型インターンシップ

〔目　　的〕就業体験を通じて、学生にとっては自らの能力の見極め、企業にとっては学生の評価材料の取得
〔代 表 例〕企業単独もしくは大学が企業・地域コンソーシアムと連携して実施する適性・汎用的能力あるいは専門性を重視したプログラム
〔就業体験〕必須（参加期間の半分超を職場で就業体験を実施）【a】〈注1〉
職場の社員が学生を指導【b】
〔参加期間〕汎用的能力活用型は短期（5日間以上）
専門活用型は長期（2週間以上）【c】
〔実施時期〕学部3～4年／修士1～2年の長期休暇期間（夏休み、冬休み、入試休み・春休み）【d】〈注2〉
〔学生情報〕活用可
〔そ の 他〕募集要項等に必要な情報を記載し、ホームページ等で公表【e】〈注3〉
【a】～【e】の5つの要件を満たす場合、「産学協議会基準準拠マーク」を募集要項等に掲載可

タイプ4（試行）：高度専門型インターンシップ

〔目　　的〕就業体験を通じて、学生にとっては実践力の向上、企業にとっては学生の評価材料の取得
〔代 表 例〕「ジョブ型研究インターンシップ」
自然科学分野の博士課程学生を対象に文科省・経団連が共同で試行中
※その他「高度な専門性を重視した修士課程学生向けインターンシップ（仮称）」は産学協議会で検討中
〔就業体験〕必須
〔参加期間〕「ジョブ型研究インターンシップ」については、長期（2ヵ月以上）
〔実施時期〕「ジョブ型研究インターンシップ」については、随時
〔学生情報〕活用可

注1：テレワークが常態化している場合は、「テレワーク」も職場とみなす。
注2：ただし、大学正課および博士課程は、上記に限定されない。
注3：以下の9項目について情報開示を行う。ただし、⑨については企業による公表のみ。

①プログラムの趣旨（目的）、②実施時期・期間、場所、募集人数、選抜方法、無給／有給等、③就業体験の内容（受入れ職場に関する情報を含む）、④就業体験を行う際に必要な（求められる）能力、⑤インターンシップにおけるフィードバック、⑥採用活動開始以降に限り、インターンシップを通じて取得した学生情報を活用する旨（活用内容の記載は任意）、⑦当該年度のインターンシップ実施計画（時期・回数・規模等）、⑧インターンシップ実施に係る実績概要（過去2～3年程度）、⑨採用選考活動等の実績概要

産学協議会
基準準拠マーク

TOPICS

労働紛争の動向

2021年度に総合労働相談コーナー[195]に寄せられた労働問題に関する相談件数は124万2,579件で、そのうち、民事上の個別労働紛争相談件数は28万4,139件に上る。具体的には「いじめ・嫌がらせ」が86,034件と、相談内容別では2012年度以降10年連続で最も多く、件数も上昇傾向にある[196]。次いで、「自己都合退職」が40,501件、「解雇」が33,189件、「労働条件の引き下げ」が30,524件、「退職勧奨」が24,603件と続いている。

図表1-32　民事上の個別労働紛争相談件数の推移と内訳

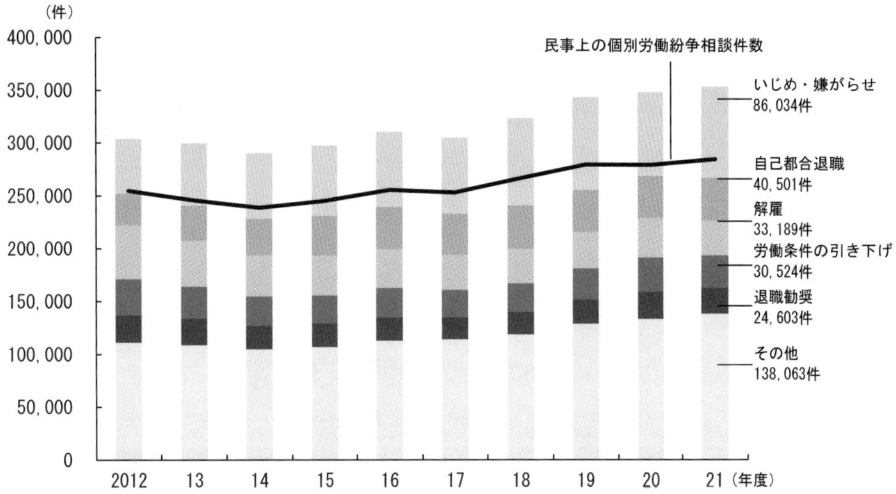

注：内訳は延べ合計件数であり1回の相談で複数の内容にまたがる相談が行われた場合は、それぞれを件数に計上している。

出典：厚生労働省「令和3年度個別労働紛争解決制度の施行状況」をもとに経団連事務局にて作成

近年は、セクシュアルハラスメントやマタニティハラスメントに加え、パワーハラスメントに関する相談も増えている。企業は、改正労働施策総合推進法のパワーハラスメントの防止措置義務[197]を徹底するなど、対策の強化が求められる。経団連調査では、ハラスメント防止・対応の課題（特にあてはまる上位3つ）として、「コミュニケーション不足」(63.8%)が最も多く、「世代間ギャップ、価値観の違い」(55.8%)、「管理職のハラスメントへの理解不足」(45.3%)

[195] 各都道府県労働局、全国の労働基準監督署内など379ヵ所（2022年4月現在）に設置されており、専門の相談員が職場のトラブルに関する相談や解決のための情報提供をワンストップで行っている。

[196] 2020年6月の改正労働施策総合推進法の一部施行（中小企業には2022年4月より義務化）に伴い、大企業におけるパワーハラスメントに関する相談は同法に基づいて対応されているため、この件数には含まれていない（2021年度の同法に関する相談件数は23,366件）。大企業におけるパワーハラスメントに関する相談については、「総合労働相談」のうち「民事上の個別労働紛争相談件数（いじめ・嫌がらせ）」ではなく、「法制度の問い合わせ」や「労働基準法等の違反の疑いがあるもの」として計上されている。

[197] 厚生労働省「事業主が職場における優越的な関係を背景とした言動に起因する問題に関して雇用管理上講ずべき措置等についての指針」（2020年1月）によると、パワーハラスメントとは、「職場において行われる優越的な関係を背景とした言動であって、業務上必要かつ相当な範囲を超えたものにより、労働者の就業環境が害されるもの」とされている。同指針では、事業主の方針の明確化等、事業主が講ずべき措置の内容が定められている。

と続く。「コミュニケーション不足」が課題と回答した企業では、コミュニケーション能力向上のための研修や１on１ミーティング、社内イベント等を実施している[198]。

個別労働紛争を解決する主な機関としては、紛争調整委員会[199]によるあっせん、地方裁判所で行われる労働審判、民事訴訟があり、労使双方が活用している。あっせんは、紛争調整委員があっせん案を提示し、当事者双方が合意すれば解決となる。労働審判は、労働審判官（裁判官）１名と労働関係の専門的知識を有する労働審判員２名からなる労働審判委員会が審理を行う。審判に不服がある当事者は異議申し立てが可能であり、その場合は民事訴訟に移行する。あっせん、労働審判、民事訴訟のいずれも、あっせん案の提示、審判、判決の前に当事者間の話し合いによる解決が試みられ、事案の多くが和解で解決している[200]。

解雇事案等の解決においても、原職復帰の審判や判決より使用者が労働者に解決金を支払うことによる労働契約の終了という形の和解が多い[201]。解雇事案等における解決金の額の中央値（月収表示）は、あっせんが1.4月分、労働審判が4.7月分、民事訴訟上の和解が7.3月分[202]と、解決機関ごとに大きな差がある。また、同じ解決機関においても、事案により金額にばらつきがある。申立て・提訴から和解に至る期間の違いを考慮しても、解雇事案等における解決金の額の予見可能性は低く、労働者にとって必ずしも金額が十分であるとは言えない[203]。労働者保護の観点から、解雇無効時の金銭救済制度の創設を検討することも一案である。

図表1-33　あっせん、労働審判、民事訴訟上の和解における解決金の水準

	平均値	第１四分位数	中央値	第３四分位数
あっせん（解雇事案）	1.8月分	0.7月分	1.4月分	2.9月分
労働審判（雇用終了事案）	6.0月分	2.8月分	4.7月分	7.7月分
和解（雇用終了事案）	11.3月分	3.6月分	7.3月分	14.0月分

出典：厚生労働省「第14回透明かつ公正な労働紛争解決システム等の在り方に関する検討会」、厚生労働省「第181回労働政策審議会労働条件分科会」の資料をもとに経団連事務局にて作成

---

198 経団連「職場のハラスメント防止に関するアンケート結果」（2021年12月）

199 労働問題の専門家である学識経験者により組織され、都道府県労働局ごとに設置されている。

200 最高裁判所事務総局「令和３年司法統計年報（民事・行政編）」によると、労働審判のうち69.2％が調停成立、労働に関する第一審通常訴訟のうち63.1％が、和解により終局している。

201 和解に至った事案における金銭解決の割合は、労働政策研究・研修機構「労働政策研究報告書No.174 労働局あっせん、労働審判及び裁判上の和解における雇用紛争事案の比較分析」（2015年４月）によると、あっせんで96.6％（解雇事案以外も含む）、労働政策研究・研修機構「労働審判事件等における解決金額等に関する調査」（2022年）によると、労働審判で96.7％、民事訴訟上の和解で97.5％となっている（解雇以外の雇用終了事案も含む）。

202 あっせんは、労働政策研究・研修機構「労働政策研究報告書No.174 労働局あっせん、労働審判及び裁判上の和解における雇用紛争事案の比較分析」（2015年）、労働審判と和解は、労働政策研究・研修機構「労働審判事件等における解決金額等に関する調査」（2022年）の調査結果。なお、あっせんは解雇事案のみ、労働審判と和解は雇用終了事案（解雇事案以外も含む）のデータである。

203 久米功一・大竹文雄・鶴光太郎「多様化する正規・非正規労働者の就業行動と意識―RIETI Webアンケート調査の概要」（2014年３月）によると、欧州における不当解雇の場合の補償金水準（勤続年数20年の場合）は、英国が5.5ヵ月、フランスが16ヵ月、ドイツが18ヵ月となっている。

TOPICS

就業調整の状況

社会保険料や所得税の負担を避け、世帯全体の手取り年収が減らないよう、就業する時間や日数を調整して働く「就業調整」は、有期雇用等で働く労働者、とりわけ配偶者のいる女性の就業意欲や活躍を阻害している一因と指摘されている。加えて、有期雇用等労働者を多く雇用する企業からは、近年の大幅な最低賃金引上げによって、就業調整を行う場合に働くことのできる時間が年々短くなり、人繰りに苦慮しているといった声が高まっている。

ここでは、「103 万円の壁」(所得税、配偶者手当)と「106 万円・130 万円の壁」(社会保険)の解説を通じて、就業調整の状況を紹介する。

図 表 1-34　就業調整をする理由(複数回答)

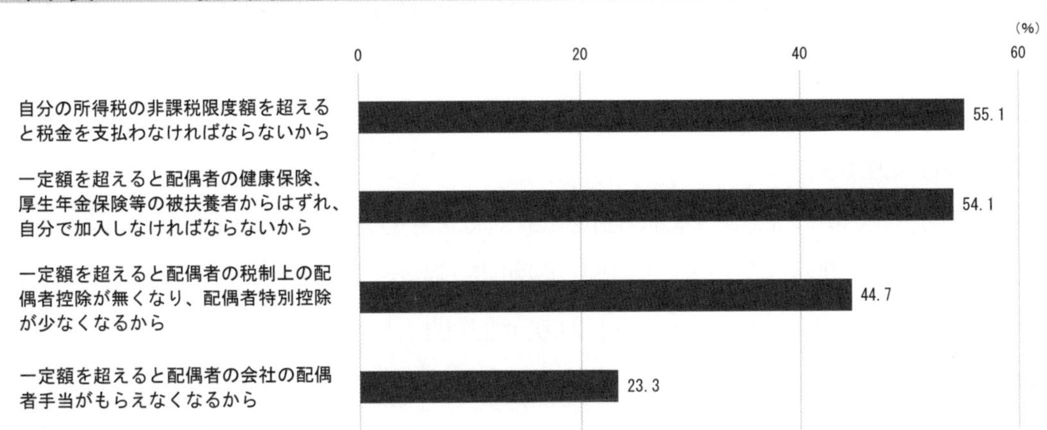

出典：厚生労働省「平成28年パートタイム労働者総合実態調査」をもとに経団連事務局にて作成

(1)「103 万円の壁」

就業調整の要因として、所得税の課税対象基準を境とする、「103 万円の壁」が挙げられる。

所得税は、「収入－必要経費」を所得として課税される。納税者の配偶者が給与所得者である場合、当該配偶者の給与収入額が必要経費とされる 103 万円(2020 年分以降は基礎控除額 48 万円＋給与所得控除額最低額 55 万円)以下であれば、当該配偶者に所得税は課税されず、かつ納税者本人も最大で年 38 万円の配偶者控除を受けることが可能である。このため、配偶者は年収が 103 万円を超えないように就業を控える理由の１つとされる。

他方で、「平成 29 年度税制改正」により、配偶者特別控除が満額(38 万円)適用される給与収入額の上限は 103 万円から 150 万円に引き上げられ、世帯単位では 103 万円の壁は制度上、解消されている。

また、企業が配偶者手当を支給する基準を所得税法上の控除対象配偶者(年収 103 万円)としている場合が多いこと[204]から、「103 万円の壁」を「配偶者手当の壁」と称する向きもある。103 万円を超えた場合の収入増を、配偶者手当が不支給になったことに伴う収入減が上回れば、就業調整の理由の１つとなり得る。

（２）「106 万円・130 万円の壁」

もう 1 つの就業調整の要因として、厚生年金保険や健康保険といった社会保険への加入が必要となる収入の基準を境とする「106 万円・130 万円の壁」がある。

一定規模以上の企業[205]で働く有期雇用等労働者は、年収「106 万円」を超えると、社会保険料の支払い義務が生じることになる。さらに、上記「106 万円」の適用要件を下回る従業員数の企業で働く者であっても、年収「130 万円」を超えると配偶者の被扶養者でなくなり、自ら社会保険料を負担することになる。

以上のとおり、年収「106 万円・130 万円」が、有期雇用等労働者自身にとって、社会保険料の負担が生じるかどうかの壁となり、手取り年収が減らないよう、就業調整を行う大きな理由の１つとされている。

（３）見直しの動向

政府「経済財政運営の改革の基本方針 2022」（2022 年６月）では、勤労者皆保険の実現に向けて、被用者保険（厚生年金・健康保険）の適用拡大の着実な実施や、企業規模要件の撤廃・非適用業種の見直し等の検討を進めるとの方向性を明示している。

政府「全世代型社会保障構築会議　議論の中間整理」（2022 年５月）においても、同様の考えが示されているほか、「女性就労の制約となっていると指摘されている社会保障や税制について働き方に中立的なものにしていくことが重要である。被用者保険の適用拡大が図られると、いわゆる「130 万円の壁」を消失させる効果があるほか、いわゆる「106 万円の壁」についても、最低賃金の引上げによって、解消されていくものと見込まれる」と記述されている。また、配偶者の収入要件が設定されている配偶者手当について、労使で議論が進められるべきものと指摘されている[206]。

今後、政府をはじめ企業においても、働き方に対して中立な制度の構築に向けた議論のさらなる進展が期待される。

---

[204] 労務行政研究所「諸手当の支給に関する実態調査」（2020 年）によると、「収入による支給制限あり」の内訳は、「①所得税法上の控除対象配偶者に支給」（48. 5%）が最も高く、次いで「②健康保険の被扶養者に支給」（39. 2%）、「①かつ②に支給」（6. 2%）、「①または②に支給」（2. 1%）となっている。

[205] 従業員数が常時 101 人以上の企業（2024 年 10 月からは 51 人以上の企業に拡大）。このほか、以下のすべての条件（①賃金の月額が 8. 8 万円以上、②週の所定労働時間が 20 時間以上 30 時間未満、③２ヵ月を超える雇用の見込み、④学生でないこと）を満たすと、勤務先で厚生年金・健康保険の加入が義務付けられる。

[206] 政府「全世代型社会保障構築会議　議論の中間整理」（2022 年５月）では、配偶者手当について「多様な働き方に中立的でない扱いは、企業の諸手当の中にも見られる。配偶者の収入要件がある企業の配偶者手当は、女性の就労にも影響を与えている。労働条件であり強制はできないが、こうした点を認識した上で労使において改廃・縮小に向けた議論が進められるべきものと考えられる」との記述がある。

第Ⅱ部　2023年春季労使交渉・協議における経営側の基本スタンス

1．わが国企業を取り巻く経営環境

（１）世界経済の動向

新型コロナウイルス感染症の影響が緩和する中で、世界経済は持ち直しているものの、そのペースは鈍化している。

コロナ禍からの需要の急速な回復や、散発的な感染拡大に伴う行動制限を背景に、サプライチェーンや物流の混乱などの供給制約が生じるとともに、エネルギー、原材料の価格が高騰した[207]。この結果、2021年以降、世界的に物価が上昇し、2022年２月に始まったロシアによるウクライナ侵攻がそれを加速させた。物価上昇[208]を抑制するため、各国は金融引締め[209]を実施しており、景気の下押し要因となっている。

ＯＥＣＤによると、2022年の世界経済の実質成長率は3.1％と、2021年（5.9％）に比べて低下する見通しである。さらに、2023年の世界経済の実質成長率は2.2％に減速すると見込まれる。世界的に物価上昇圧力が残存する中、欧米が金融引締めを継続し、大幅に景気減速すれば、新興国も外需の落ち込みを背景に厳しい経済環境に直面することが懸念される。

---

[207] 2020年末に１バレル40ドル台後半であったＷＴＩ原油先物価格は、2021年10月に同80ドル台前半へ上昇した後、ロシアによるウクライナ侵攻開始直後の2022年３月上旬には同120ドル台前半まで上昇した。

[208] 2022年11月の消費者物価（総合）の前年同月比は、米国＋7.1％、ユーロ圏＋10.1％、英国＋10.7％である。

[209] 米国連邦準備制度理事会（ＦＲＢ）は2022年３月以降、利上げを７回実施し、利上げ前は0.00～0.25％であった政策金利を4.25～4.50％に引き上げている。また、欧州中央銀行（ＥＣＢ）は2022年７月以降、利上げを４回実施し、利上げ前は0.00％であった主要政策金利を2.50％に引き上げている。

図 表 2-1 世界経済の実質ＧＤＰ成長率の推移と見通し

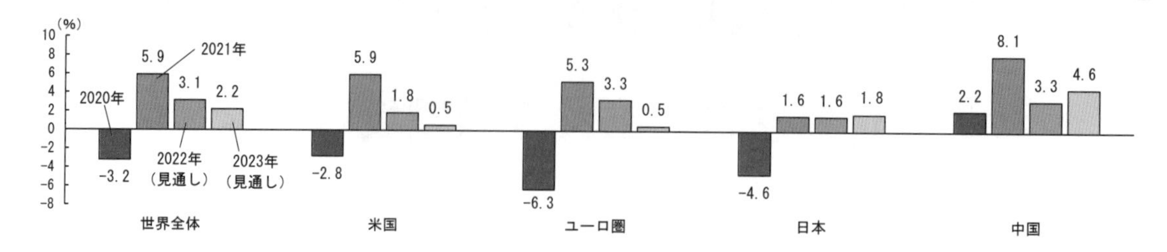

出典：ＯＥＣＤ「Economic Outlook No.112」（2022年11月）

（２）日本経済の動向

①景気の現状と見通し

2022年７－９月期の実質ＧＤＰは、コロナ前（2019年平均）の水準には達していないものの、感染症対策と社会経済活動の両立が進み、個人消費が持ち直しをみせる[210]など、回復へ向かっている。

図 表 2-2 実質ＧＤＰ（季節調整値・年率換算）の推移と見通し

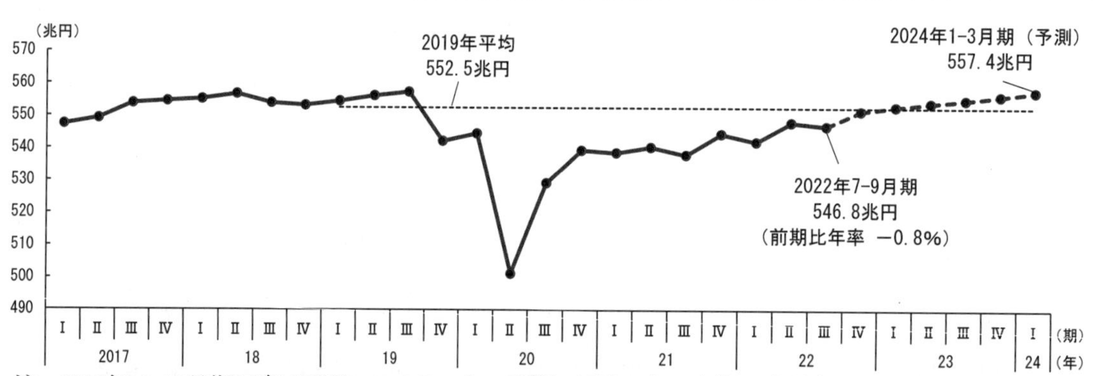

注：2022年10−12月期以降は民間エコノミストの予測の平均。各四半期の成長率見通しから実質ＧＤＰの水準を算出。
出典：内閣府「四半期別ＧＤＰ速報（2022年７－９月期２次速報）」、日本経済研究センター「ＥＳＰフォーキャスト調査」（2022年12月）をもとに経団連事務局にて作成

先行きについても、社会経済活動の正常化が進み、個人消費やインバウンド需要の回復などにより、持ち直し基調が続くことが見込まれる。民間エコノミストの平均的な見通しでは、実質ＧＤＰは2023年初めにはコロナ前の水準に回復すると予測される。

---

[210] 2022年７－９月期において、個人消費（実質）の水準はコロナ前（2019年平均）の98.1%にまで戻っている。

他方で、世界経済の減速による輸出の下振れのほか、物価上昇が消費者マインドや企業業績に与える影響、感染症の動向、不安定な国際情勢など、リスク要因に対する引き続きの注視が必要である。

②物価の動向（企業物価と消費者物価）

エネルギー・原材料価格の高騰に加え、米国の金融引締めを受けて急速に進行した円安[211]が、わが国の輸入物価[212]を上昇させている。需要[213]がコロナ禍からの回復途上にある中で、輸入物価の上昇を起点とする「コストプッシュ型」のインフレに直面している。

国内企業物価は、2021年前半から上昇し、直近の2022年11月は前年同月比＋9.3％と、第２次オイルショック期以来、42年ぶりの高い伸びを記録した。需要段階別に見ると、最終財など川下での価格転嫁が十分に進んでいない。

図表2-3　国内企業物価（前年同月比）の推移

①総平均

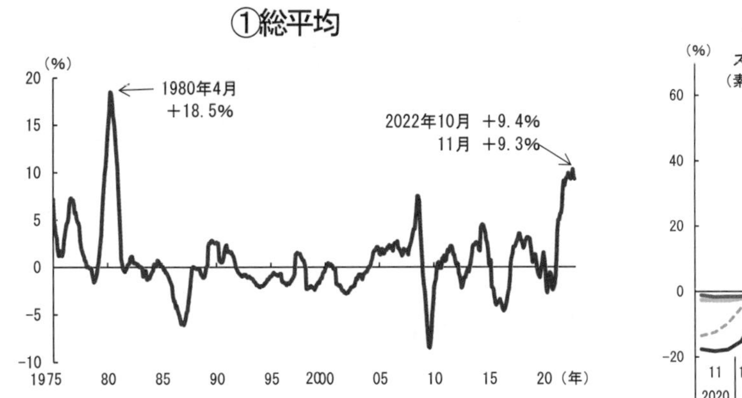

②需要段階別（財）

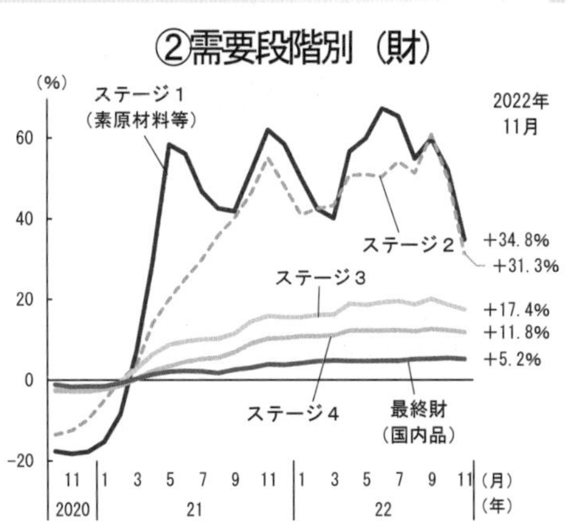

注：②の「ステージ２」は相対的に川上の中間財、「ステージ３」は相対的に川下の中間財、「ステージ４」は最も川下の中間財。
出典：日本銀行「企業物価指数」、同「最終需要・中間需要物価指数」をもとに経団連事務局にて作成

[211] 2022年初に１ドル110円台半ばであったドル円レートは、米国が利上げを開始した３月以降、円安方向で推移し、10月下旬に一時１ドル150円台となり、1990年以来、32年ぶりの円安水準となった。
[212] 日本銀行「企業物価指数」によると、2022年11月の輸入物価（円ベース）は前年同月比＋28.2％となっている。
[213] 内閣府の推計によると、経済全体の需給ギャップを表すＧＤＰギャップ（＝(実際のＧＤＰ－潜在ＧＤＰ)÷潜在ＧＤＰ）は、2022年７−９月期において−2.7％と、需要が供給を下回る状態となっている。

消費者物価（生鮮食品を除く総合）は、2021年後半からエネルギー・食料品を中心に上昇し、2022年11月は前年同月比＋3.7％と、41年ぶりの伸び率となった。先行きは、消費者物価上昇の主要因であるエネルギー価格の上昇が一服する中で、政府による電気・ガス料金の負担軽減策[214]などの効果により、伸び率は縮小していくと予想される[215]。

図 表 2-4 消費者物価（生鮮食品を除く総合・前年同月比）の推移（左）と寄与度分解（右）

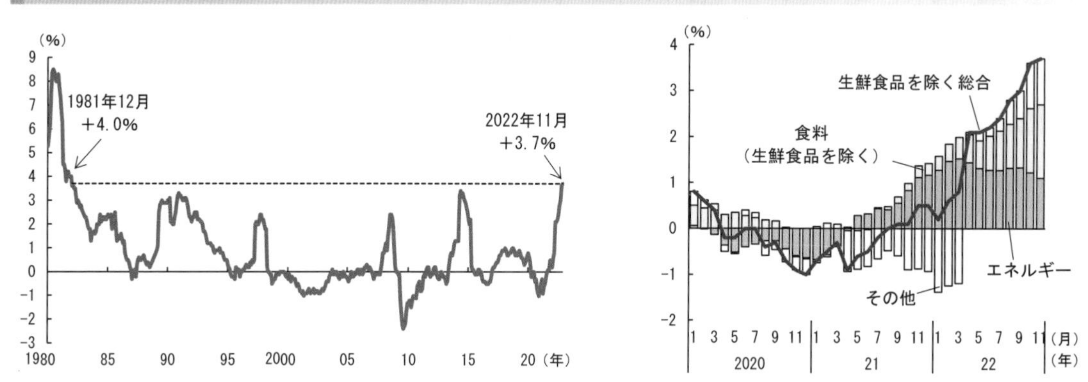

注：「エネルギー」は電気代、都市ガス代、プロパンガス、灯油及びガソリンの合計。
出典：総務省「消費者物価指数」をもとに経団連事務局にて作成

③企業業績の動向

景気の持ち直しなどを背景に、企業業績は全体として好調に推移している。日銀短観（12月調査）によると、2022年度のわが国企業（金融・保険業を除く）の経常利益は71.4兆円（前年度比＋7.5％）と、過去最高水準が見込まれる。

一方、業種ごとにみると、状況は大きく異なっている。

製造業は、円安の効果にも支えられ、利益水準は高くなっている。しかし、原材料価格や輸送費の上昇、供給制約に伴う生産量減少の影響などにより、2022年度は減益を見込んでいる業種が多い。

---

214 政府は「物価高克服・経済再生実現のための総合経済対策」（2022年10月閣議決定）に電気・都市ガス料金、燃料油価格の激変緩和措置を盛り込んでいる。これにより、2023年１～９月において、標準的な世帯で総額45,000円の負担軽減となり、消費者物価（総合）上昇率を1.2％ポイント程度抑制すると試算される。

215 日本経済研究センター「ＥＳＰフォーキャスト調査」（2022年12月）によると、消費者物価（生鮮食品を除く総合）の前年同期比は、2022年10－12月期+3.61％、2023年１－３月期+2.57％、同４－６月期+2.24％、同７－９月+1.63％、同10－12月期+1.38％と予測されている。

非製造業の利益水準は、全体でコロナ前を若干上回る見通しである。サービス消費の持ち直しを背景に、「運輸・郵便」がコロナ前の水準への回復が予測されるほか、「宿泊・飲食サービス」は黒字化が見込まれるなど、コロナ禍での落ち込みが大きかった業種で回復の兆しがみられる。他方、原材料価格上昇の影響により、「建設」などは減益、「電気・ガス」は赤字の見通しとなっている。

図表2-5　経常利益の推移と見通し

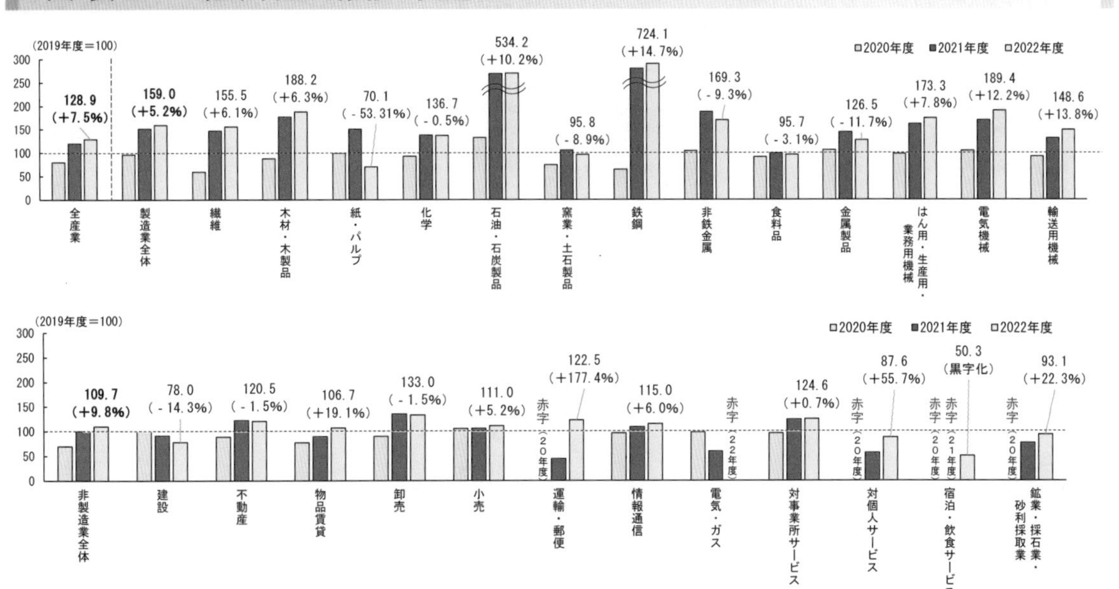

注：数値は2019年度=100（石油・石炭製品のみ、2019年度が赤字であるため、2018年度=100）としたときの2022年度の水準。（　）内は2022年度の増減益率（前年度比）。

出典：日本銀行「全国企業短期経済観測調査（短観）」をもとに経団連事務局にて作成

（3）地域経済と中小企業の動向

①　各地域の景況

内閣府「地域経済動向」（2022年11月）によると、すべての地域において「緩やかに持ち直している」と判断されたものの、半分程度の地域では「一部に弱さがみられる」と付記されている[216]。

日銀短観によると、各地域の業況判断ＤＩは、2020年12月調査以降

[216] 2022年11月の各地域の景況判断は、東北と北関東、南関東、甲信越、中国、九州、沖縄が「緩やかに持ち直している」、北海道と東海、北陸、近畿、四国が「一部に弱さがみられるものの、緩やかに持ち直している」となった。

すべての地域で持ち直しているが、地域ごとに持ち直しのペースやＤＩの水準には大きなばらつきが見られる。プラスとなっている東北や北陸、近畿、中国、九州・沖縄はコロナ前である2019年12月の水準以上となっている一方、北海道や南関東、四国はプラスにあるものの、コロナ前の水準には回復していない。

他方、甲信越はコロナ前の水準を超えたもののマイナスにあり、北関東と東海は上昇ペースに弱さが見られ、コロナ前の水準に戻っておらず、依然としてゼロまたはマイナスとなっている。

図表2-6　地域別業況判断ＤＩの推移

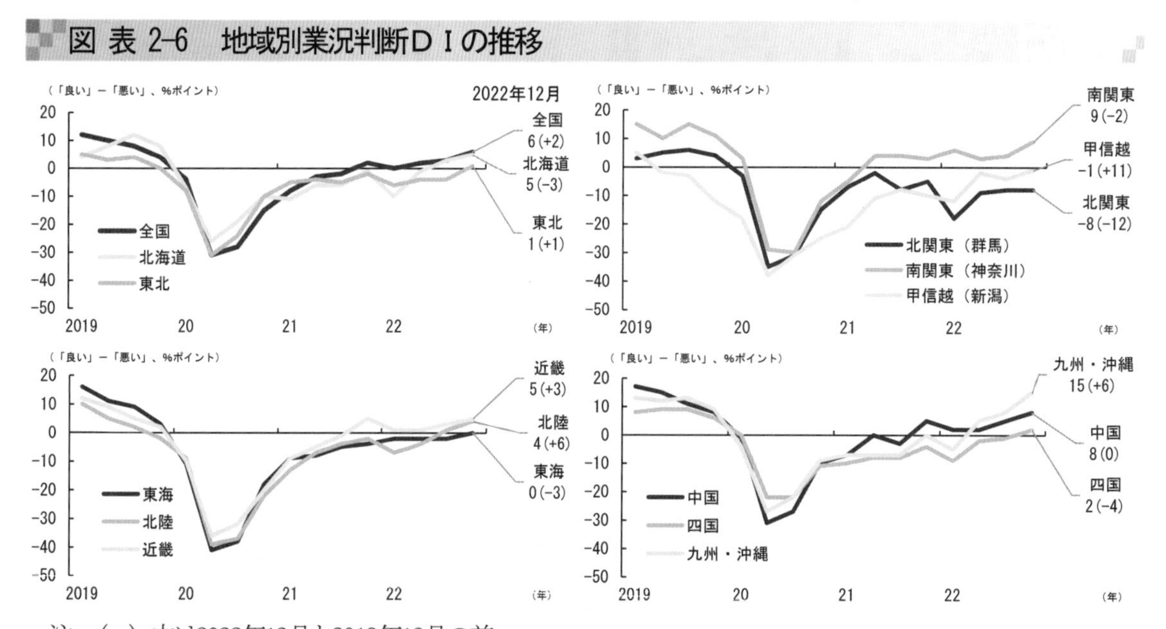

注：（　）内は2022年12月と2019年12月の差。
出典：日本銀行「全国企業短期経済観測調査（短観）」

②　中小企業の業績動向

財務省「法人企業統計」によると、2022年度上期（4－9月期）の中小企業の経常利益は、前年同期比－0.2%とほぼ横ばいとなった。コロナ前の2019年の同期と比べると、約2割減少しており、とりわけ非製造業での減少幅が大きい。大企業では、製造業を中心に総じてコロナ前の水準を回復しているのに対し、中小企業では、依然として厳しい状況が続いている。

図表2-7　企業規模別の経常利益

① 経常利益額の推移

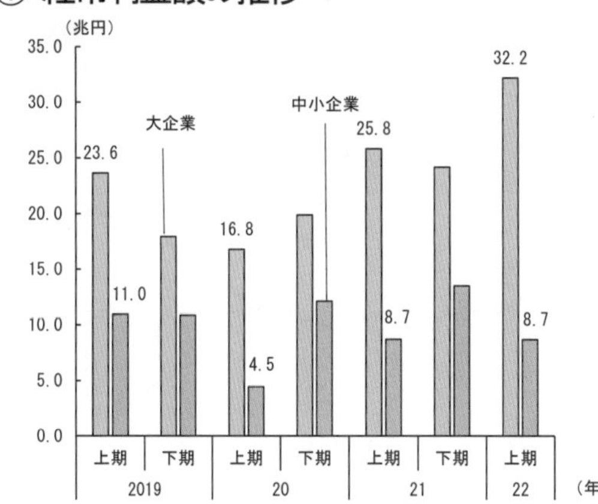

② 経常増減益率の推移

(%)

		2021年度上期	2022年度上期	
		前年同期比	前年同期比	2019年同期比
大企業	全産業	+53.6	+24.7	+36.2
	製造業	+101.6	+29.9	+75.9
	非製造業	+25.3	+19.8	+10.6
中小企業	全産業	+94.7	-0.2	-20.7
	製造業	+181.4	-0.2	-6.9
	非製造業	+75.2	-0.3	-24.7

注：大企業は資本金10億円以上、中小企業は同１千万円以上１億円未満の企業。全産業、非製造業は金融業、保険業を除く。
出典：財務省「法人企業統計」をもとに経団連事務局にて作成

中小企業における利益の下押し要因としては、コロナ禍での売上高自体の低迷に加え、原材料価格の上昇に伴う費用増を背景とした変動費の高騰が挙げられる。日銀短観からは、仕入価格判断ＤＩ[217]の上昇速度に販売価格判断ＤＩ[218]のそれが追いつかず、価格転嫁が十分に進んでいない可能性が示唆される[219]。もっとも、先行きについては、仕入価格判断ＤＩがわずかに低下するのに対し、販売価格判断ＤＩは上昇が予測されており、利益の押し下げ圧力の緩和が期待される。

---

217 主要原材料購入価格（外注加工費を含む）または主要商品の仕入価格について、「上昇」と回答した企業の割合から、「下落」と回答した企業の割合を引いた値のこと。
218 主要製商品の販売価格、または主要サービスの提供価格について、「上昇」と回答した企業の割合から、「下落」と回答した企業の割合を引いた値のこと。
219 詳細は128頁TOPICS「中小企業の賃金引上げに関する現状と課題（3）価格転嫁の動向」参照。

図 表 2-8　中小企業の経常増減益率の要因分解と販売価格・仕入価格判断ＤＩの推移

① 経常増減益率（2019年同期比）の要因分解　　② 販売価格・仕入価格判断ＤＩの推移

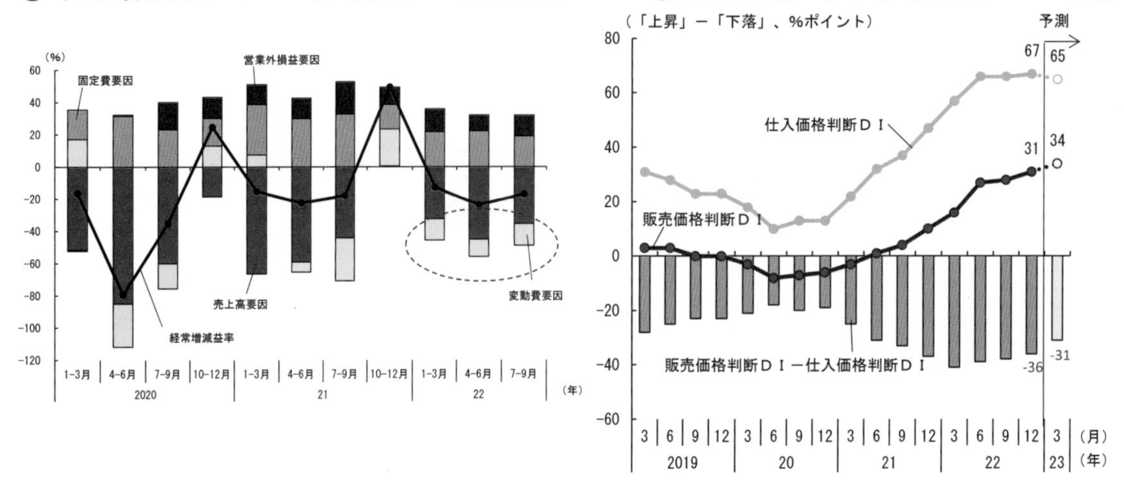

注１：金融業、保険業を除く全産業。

注２：①は資本金１千万円以上１億円未満の企業、②は同２千万円以上１億円未満の企業。

注３：①について、変動費は、売上原価と販売費及び一般管理費の合計から固定費（人件費、減価償却費）を除いたもの。経常利益＝（１－変動費率）×売上高－固定費＋営業外損益の関係を用いて、変動費率の経常増減益率への寄与を変動費要因としている。

出典：財務省「法人企業統計」、日本銀行「全国企業短期経済観測調査（短観）」をもとに経団連事務局にて作成

2．連合「2023春季生活闘争方針」への見解

（1）2023闘争方針の意義と基本スタンス

日本労働組合総連合会（連合）は、「くらしをまもり、未来をつくる。」をスローガンに掲げた「2023春季生活闘争方針」（以下、2023闘争方針）において、デフレからの脱却や「人への投資」、日本全体の生産性引上げの必要性、サプライチェーンにおける取引適正化の推進など、わが国が直面する課題認識とその解決に向けた考え方を整理している。また、今次闘争では、「未来づくり春闘」[220]を深化させ、問題意識の共有化に努めるとともに、「『すべての労働者の立場にたった働き方』の改善」[221]や「ジェンダー平等・多様性の推進」[222]などを柱に据えて取り組んでいく[223]としている。その上で、その実現にあたっては、建設的な労使交渉や社会対話が重要であることを強調している。

連合が2023闘争方針で示している基本的な考え方や方向性、問題意識などの多くは、経団連と基本的に一致している。こうした基本認識を念頭に置きながら、2023年の春季労使交渉・協議が建設的で有益なものとなるよう、真摯に議論を重ねていくことが望まれる。

---

[220] 2023闘争方針において、「連合の正式な用語は『春季生活闘争』であるが、組織外への発信に向けて短くなじみやすい表現として『春闘』を用いる」としている。

[221] 連合は「働き方改革」ではなく、2021闘争方針までは「働き方の見直し」と表していたが、2022闘争方針から、現状を把握した上でさらに良くしていくという意図を込めて「働き方の改善」としている。経団連の考えについては、4頁「1．エンゲージメントと労働生産性の向上に資する働き方改革」参照。

[222] 経団連の考えについては、18頁「2．DE&Iの浸透」参照。

[223] 具体的な事項としては、長時間労働の是正、雇用安定に向けた取組み、職場における均等・均衡待遇の実現、人材育成と教育訓練の充実、高齢者の雇用と処遇、障害者雇用に関する取組み、育児や介護・治療と仕事の両立の推進、ハラスメント対策と差別禁止などを掲げている。

図表2-9　連合「2023春季生活闘争方針」の基本的な考え方

2023春季生活闘争スローガン：くらしをまもり、未来をつくる。

2023春季生活闘争の意義と基本スタンス（抜粋）

・ＧＤＰも賃金も物価も安定的に上昇する経済へとステージを転換し望ましい未来をつくっていくことが必要。

・「人への投資」をより一層積極的に行うとともに、国内投資の促進とサプライチェーン全体を視野に入れた産業基盤強化などにより、日本全体の生産性を引き上げ、成長と分配の好循環を持続的・安定的に回していく必要がある。

・産業・企業の将来展望を話し合い、未来に向けた労働条件決定をしていかなければならない。

・今次闘争では「未来づくり春闘」を深化させ、国・地方・産業・企業の各レベルでこうした問題意識の共有化に努め、ステージを変える転換点とする必要がある。

・サプライチェーン全体で生み出した付加価値の適正分配や適切な価格転嫁によるサプライチェーン全体でのコスト負担を通じ企業を超えて労働条件の改善に結びつけること、スキルアップや良質な雇用への転換などを通じ、社会全体の生産性と労働条件の底上げをはかることも重要である。

・建設的な労使交渉を通じ、成果の公正な分配をはかり、労働条件の向上を広く社会に波及させていく。

・社会的課題を解決していくには、企業労使間の交渉のみならず、国・地域・産業レベルでの政労使の対話が不可欠である。あらゆる機会を通じて対話を重ね相互理解を深めていく。

出典：連合「2023春季生活闘争方針」をもとに経団連事務局にて作成

（２）賃金要求の考え方

連合は賃金に関して、国際的に見劣りする日本の賃金水準の中期的な引上げの必要性や、わが国全体の生産性を高めるための継続的な「人への投資」の重要性、マクロ的に物価を上回る可処分所得増を目指す方向性を打ち出している。その上で、2023闘争方針において、月例賃金については、「底上げ」「底支え」[224]「格差是正」[225]の観点から具体的な要求目標の目安を示している。

このうち、「底上げ」の要求指標は、「すべての働く人の生活を持続

[224] 企業内最低賃金協定の締結と水準の引上げ（時給1,150円以上）を求めている。また、企業内最低賃金協定の締結は、「格差是正」の雇用形態間格差の最低到達水準においても要求指標としている。

[225] 目標水準として、30歳261,000円（2022闘争方針との差額+2,000円）、35歳290,000円（同+1,000円）、到達水準として、30歳243,750円（2022闘争方針と同額）、35歳266,250円（同）を示している。

的に維持・向上させる転換点とするマクロの観点」から、「賃上げ分[226]を３%程度[227]」「定昇相当分（賃金カーブ維持相当分）を含む賃上げを５%程度」との指標を示している。

図表 2-10　「底上げ」「格差是正」「底支え」の目的と要求の考え方と賃金要求指標

	目　的	要求の考え方	賃金要求指標
底上げ	・産業相場や地域相場を引き上げていく	・定期昇給相当分＋賃上げ分	定期昇給相当分 ＋ ・「底上げ」「底支え」「格差是正」の取組み強化を促す観点 ・すべての働く人の生活を持続的に維持・向上させる転換点とするマクロの観点 → 賃上げ分3%程度 ＝ 5%程度
格差是正	・企業規模間、雇用形態間、男女間の格差を是正する	・社会横断的な水準を額で示し、その水準への到達を目指す ・男女間については、職場実態を把握し、改善に努める	【企業規模間格差】目標水準：35歳：290, 000円　30歳：261, 000円／最低到達水準：35歳：266, 250円　30歳：243, 750円　企業内最低賃金協定：1, 150円以上 【雇用形態間格差】目標水準：昇給ルールの導入（勤続年数で賃金カーブを描く）→勤続17年相当で時給1, 750円・月給288, 500円以上／最低到達水準：企業内最低賃金協定 1, 150円以上
底支え	・産業相場を下支えする	・企業内最低賃金協定の締結、水準の引上げ	・企業内のすべての労働者を対象に協定を締結 →生活を賄う観点と初職に就く際の観点を重視し「時給1, 150円以上」

出典：連合「2023 春季生活闘争方針」をもとに経団連事務局にて作成

「物価上昇への対応」が社会的に求められていることは、経団連も十分認識しており、消費者物価が上昇していることから、要求水準を昨年より引き上げること自体について労働運動としては理解できる。また、中小企業における持続的な賃金引上げが重要であるとの考えは経団連も同様であり、政府による支援の拡充や、取引条件の改善などサプライチェーン全体における取組みが不可欠との認識も共有できている。

他方で、「賃上げ分３%程度、定昇分含め５%程度」との要求指標、中小組合（組合員数 300 人未満）における「総額 13, 500 円以上[228]を目安」とする引上げ要求は、指標や目安とはいえ、賃金引上げのモメン

[226] 連合は例年、闘争方針において「ベースアップ」ではなく「賃上げ分」と称している。

[227] ①国際的に見劣りのする賃金水準の改善、②労働市場における賃金の動向、③物価を上回る可処分所得の必要性、④労働者への分配増などを総合的に勘案したものとの考え方を示している。

[228] 賃金実態が把握できないなどの事情がある場合、総額 13, 500 円（賃金カーブ維持分 4, 500 円＋賃上げ目標金額 9, 000 円〈連合加盟中小組合の平均賃金水準 25 万円の３%相当 7, 500 円＋連合加盟組合全体の平均賃金水準約 30 万円の３%相当との差額 1, 500 円〉）以上を目安に賃金の引上げを求めるとしている。

タムが始まったとされる 2014 年以降の賃金引上げ結果[229]と比べて大きく乖離している。建設的な賃金交渉を目指す観点から、要求水準自体については慎重な検討が望まれる。

企業労使における賃金交渉では、自社の経営状況を労使で正しく共有した上で、企業別労働組合が連合や産業別労働組合など上部団体が示す方針等を参考にしつつ決定した要求を受けて、様々な考慮要素のうち、物価動向を特に重視しながら「賃金決定の大原則」に則って検討していく必要がある。その結果、月例賃金や諸手当、賞与・一時金（ボーナス）を柱に、様々な方法の中から自社にとって最適な対応を企業労使で見出し、賃金引上げのモメンタムの維持・強化が図られることを強く期待する。

（3）労使の話し合いの場としての「春季労使交渉・協議」

毎年、多くの企業で春に行われている労使の話し合い・協議について、連合は「春季生活闘争」と称し、一般的には「春闘」[230]という言葉が使われており、労使が対峙しながら賃金引上げ（特にベースアップ）ばかり議論しているように捉えている向きがある。しかし、実際には、多くの企業において、良好で安定的な労使関係を基盤として、自社の置かれている経営環境や収益状況等を労使で共有しながら、賃金だけでなく、総合的な処遇改善や人材育成のあり方など様々な事項について広く議論している。

多くの企業労使は、考え方や意見が異なることがあっても、率直に話し合うことで相互理解に努めてきた。その結果、労働組合による集

---

[229] 2014 年以降の月例賃金引上げ（経団連調査、最低値～最高値）は、大手企業 1.84%（2021 年）～2.53%（2018 年）、中小企業 4,371 円（2020 年）～5,036 円（2022 年）であった（詳細は図表 2-11（97 頁参照））。

[230] 1955 年に８つの産業別労働組合が共闘して賃金引上げ要求を行ったことが初めとされ、当時は「春季賃上闘争」などと表された。56 年の新聞の見出しに「春闘」の表現が登場し、57 年には新聞用語として定着したとされる。

団的な労働争議、特に「闘争」行動を具現化する「ストライキ」等にまで発展するケースは大きく減少している[231]。こうした実態を世の中に正しく理解してもらうためにも、労使双方から意識的にメッセージを発信していく必要がある。経団連は、対立的な関係を想起させる「春季生活闘争」や「春闘」ではなく、「経営のパートナー」である労働組合との話し合いの場であることを明確に示すべく、「春季労使交渉・協議」と位置付けていることを、引き続き発信していく。

---

[231] 厚生労働省「労働争議統計調査」によると、労働組合による総争議は1973年の10,462件（うち争議行為（ストライキやロックアウト、サボタージュなど）を伴う争議は9,581件）をピークに総じて減少し、2000年958件（同305件）、2014年495件（同80件）、2021年297件（同55件）となっている。一方、個々の労働者と使用者との間で生じる個別労働紛争への対応が課題となっている。詳細は79頁TOPICS「労働紛争の動向」参照。

3．経営側の基本姿勢

（1）2022年春季労使交渉・協議の総括

2022年の春季労使交渉・協議は、コロナ禍の長期化により業種や企業ごとに業績が大きくばらつくK字型の景況の下で行われた。経団連は、「賃金決定の大原則」[232]に則った対応を掲げながら、働き手との価値協創によって生み出された収益・成果を適切に分配することが「サステイナブルな資本主義」の実現に寄与するとの考えを示した。加えて、「人への投資」の観点から、賃金引上げや総合的な処遇改善に取り組み、賃金引上げのモメンタムを維持していく必要性を訴え、「2022年版経労委報告」の周知などを通じて、積極的な検討を呼びかけた。

各企業労使が真摯な議論を重ねた結果、2022年の月例賃金引上げ（経団連集計）は、大手企業で7,562円・2.27％（前年比1,438円増、0.43ポイント増）、中小企業で5,036円・1.92％（同660円増、0.24ポイント増）と、いずれも前年を大きく上回り、近年の低下傾向から反転した。賞与・一時金（大手企業）においても、夏季・年末ともに前年比でプラスに転じた上、現行の集計方法となった1981年以降で最も高い伸び率（前年比夏季＋8.77％、年末＋8.92％）を記録した。

総合的な処遇改善では、コロナ禍における働き方の変容や、多様化する就労ニーズへの対応の観点から、多くの企業労使が、エンゲージメント向上に資する職場環境の整備について議論を行った。具体的には、テレワークに関する諸施策のほか、仕事と育児・介護の両立支援策、デジタル化に対応する人材育成施策、自己啓発の支援策などを話し合い、その導入・拡充を図るなど、一定の進展がみられた。

---

[232] ①社内外の様々な考慮要素（経済・景気・物価の動向、自社の業績や労務構成の変化など）を総合的に勘案し、②適切な総額人件費（企業が社員を雇用するために負担する費用の総和）管理の下で、③自社の支払能力を踏まえ、④労使協議を経た上で、各企業が自社の賃金を決定する大原則のこと。

各企業が、「人への投資」の重要性と「成長と分配の好循環」の実現への社会的期待も考慮しながら主体的に判断した結果、賃金引上げのモメンタムは着実に維持されたといえる[233]。

図表2-11　月例賃金引上げ、賞与・一時金の推移

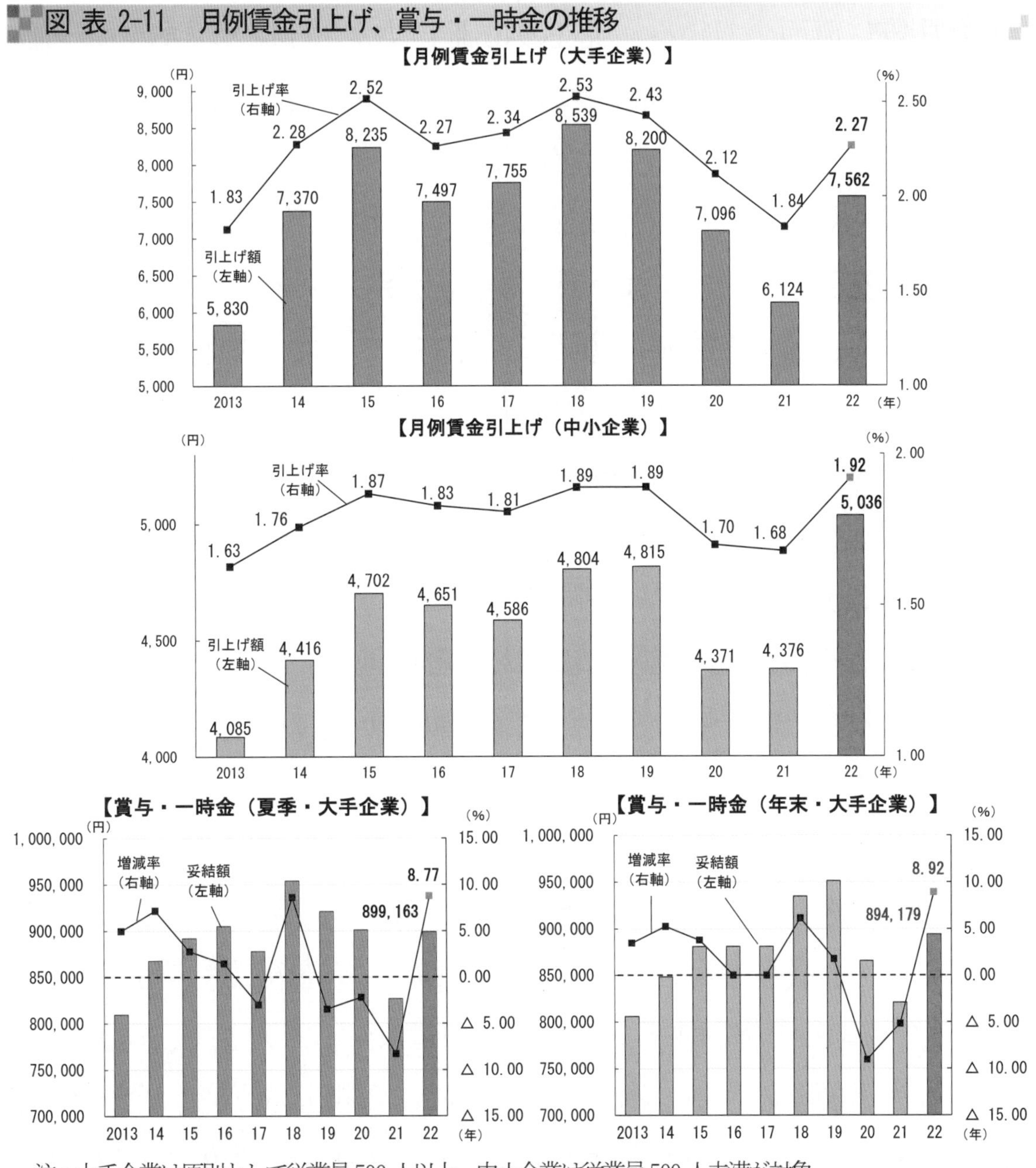

注：大手企業は原則として従業員500人以上、中小企業は従業員500人未満が対象。
出典：経団連「春季労使交渉・大手企業業種別妥結結果」「春季労使交渉・中小企業業種別妥結結果」「夏季賞与・一時金 大手企業業種別妥結結果」「年末賞与・一時金 大手企業業種別妥結結果」

[233] 経団連「2022年人事・労務に関するトップ・マネジメント調査結果」によると、直近5年間（2018〜2022年）にベースアップを実施した企業は7割近く（68.7%）に上る。また、2022年度の賞与・一時金の金額を前年度の実績より増額した企業は6割を超えている（62.7%）。

（2）2023年春季労使交渉・協議にあたっての基本スタンス

①「賃金引上げのモメンタム」維持・強化の必要性

わが国経済は、エネルギーや原材料価格の急激な上昇、急速に進行した円安に直面している。現在の物価上昇は、資源・エネルギー価格と円安による輸入価格の高騰など供給サイドの要因によるコストプッシュ型であり、働き手の生活だけでなく、業種・企業によっては収益への影響も懸念される。しかし、こうした状況下であっても、足元の物価上昇を契機として、長らくわが国社会に染みついたデフレマインドを払拭し、賃金と物価が適切に上昇する「賃金と物価の好循環」を形成していく必要がある[234]。中期的な観点から、働き手との価値協創による成長とその適切な分配としての「人への投資」を通じて賃金引上げの機運をさらに醸成し、そのモメンタムの維持・強化を図り、「構造的な賃金引上げ」「分厚い中間層の形成」につなげることが望まれる。

こうした「社会性の視座」に立ち、経団連は、デフレからの脱却と「人への投資」を一層重視した企業行動の転換に向けた絶好の機会との認識の下、政府が掲げる「新しい資本主義」と軌を一にする「サステイナブルな資本主義」の実践に強い決意をもって取り組んでいく。

近年とは大きく異なる状況下で行われる2023年春季労使交渉・協議においても、各企業が自社の実情に適した対応を行う「賃金決定の大原則」[235]に則って検討する方針に変わりはない。その上で、経団連は、様々な考慮要素のうち「物価動向」を特に重視しながら、企業の社会的な責務として、賃金引上げのモメンタムの維持・強化に向けた積極

---

[234] 一般的に、好景気で消費や投資が旺盛で、需要が供給を上回って物価が継続的に上昇する「デマンドプル型」のインフレが望ましいとされる。

[235] ①社内外の様々な考慮要素（経済・景気・物価の動向、自社の業績や労務構成の変化など）を総合的に勘案し、②適切な総額人件費（企業が社員を雇用するために負担する費用の総和）管理の下で、③自社の支払能力を踏まえ、④労使協議を経た上で、各企業が自社の賃金を決定する大原則のこと。

的な対応を様々な機会を捉えて呼びかけていく。

わが国全体における賃金引上げの機運醸成とモメンタムの維持・強化には、働き手の７割近くを雇用する中小企業における賃金引上げとそのための環境整備、雇用者の約４割に上る有期雇用等労働者の処遇改善[236]が欠かせない。中小企業においては、政府・自治体の各種支援策も活用しながら、自社の生産性向上に取り組み、賃金引上げの原資の確保・増大が望まれる。あわせて、中小企業における賃金引上げには、取引条件の改善と適正な価格転嫁が不可欠であることから、経団連は、政府が推進する「パートナーシップ構築宣言」への参画に向けて一段ギアを上げて働きかけるなど、サプライチェーンにおける共存共栄に引き続き貢献していく所存である[237]。

賃金引上げの機運醸成に関しては、生産年齢人口の減少と高齢化の進行に伴い、年々増加する法定福利費が可処分所得増大の効果を減殺しているとの指摘がある。政府には、賃金引上げの成果を消費の喚起・拡大に着実に結び付けるために、高齢者も含め所得等に応じて負担をしつつ、給付を適正化・効率化する全世代型社会保障の構築に必要な制度改革に速やかに取り組み、国民の安心の確保と現役世代の負担増の抑制を求めたい。

② 多様な方法による「人への投資」

2023年春季労使交渉・協議においては、約30年ぶりの物価上昇と

---

236 有期雇用等社員の処遇改善としては、同一労働同一賃金法制への対応に伴う処遇の見直し、正社員化の推進、能力開発支援、責任の程度や業務内容、専門的知識等を総合勘案した高い処遇の設定などが考えられる。詳細は41頁「②有期雇用等社員の処遇改善」参照。

237 経団連は、「パートナーシップによる価値創造のための転嫁円滑化へのご協力のお願い」(2022年１月)、「原材料価格、エネルギーコスト等の上昇に係る適切な価格転嫁等に関する下請事業者等に対する配慮について」(2022年５月)、「価格交渉促進月間へのご協力のお願い」(2022年８月)、「「パートナーシップ構築宣言」へのご協力のお願い」(2022年11月)を会員企業に発信し、中小企業との取引条件の改善や支援・協力の強化、「パートナーシップ構築宣言」への参画を働きかけている。また、企業行動憲章実行の手引き（改訂版）においても、「パートナーシップ構築宣言」を公表し、社内の営業や調達等に係る現場の担当者に浸透させるとともに、定期的に宣言内容を見直すことを呼びかけている。

いう特別な状況の下、物価を重要な要素と考え、「成長と分配の好循環」の形成に向けた正念場との認識を企業労使で深く共有しながら、「賃金決定の大原則」に則り、「人への投資」として「賃金引上げ」と「総合的な処遇改善・人材育成」を積極的に検討し、成長の果実を働き手に適切に分配していくことが望まれる。

（ａ）賃金引上げ

「賃金引上げ」では、月例賃金（基本給）、諸手当、賞与・一時金（ボーナス）を柱として、多様な選択肢の中から自社の実情に適した方法の前向きな検討・実施を求めたい[238]。

・ 月例賃金（基本給）

近年に経験のない物価上昇を考慮した基本給の引上げにあたっては、制度昇給（定期昇給、賃金体系・カーブ維持分の昇給）に加え、ベースアップ（賃金水準自体の引上げ、賃金表の書き換え）の目的・役割を再確認しながら、前向きに検討することが望まれる[239]。

配分方法として、物価動向への対応の観点からは、全社員を対象とした一律配分（定額・定率）や、物価上昇の影響を強く受けている可能性の高い若年社員、子育て世代の社員、有期雇用等社員への重点配分を行うことが考えられる。働き手のエンゲージメント向上の観点では、発揮能力や業績・成果等の評価に基づく査定配分、自社の等級・資格別や階層別の賃金項目における増額などを重視すべきである。

グローバル人材や自社が求める高度人材の確保・定着の観点からは、

---

[238] 第10回「新しい資本主義実現会議」（2022年10月4日）では、岸田総理から「短期的な賃金引上げに向けては、政府としては、来春の賃金交渉において、物価上昇をカバーする賃上げを目標にして、個々の企業の実情に応じて労使でご議論いただきたい」との発言があった。第12回「新しい資本主義実現会議」（2022年11月10日）では、「来春の賃金交渉に向けた賃金引上げについては、その成果に成長と分配の好循環の実現がかかっている。物価上昇を特に重視すべき要素として掲げ、これに負けない対応を労使の皆さんには強くお願いする」と発言された。さらに岸田総理は年頭の記者会見（2023年1月4日）で、今年の春季労使交渉について、「ぜひインフレ率を超える賃上げの実現をお願いしたい」と述べた。

[239] 過去の物価上昇時の賃金引上げの動向は114頁TOPICS「インフレ下における物価と賃金引上げの動向」参照。

自社の賃金水準を再確認するとともに、賃金決定における透明性・納得性を高め、競争力をもった魅力的な処遇とすることが肝要である[240]。このことは、キャリアアップ型の転職機会の増大、労働移動の円滑化にも通じる重要なポイントといえる。

収益状況がコロナ禍前の水準を十分回復していない企業においては、労使で真摯な議論を重ね、できる限りの対応を期待したい。例えば、自社の労務構成の変化に伴う賃金総額（人件費）の動向[241]、基本給水準を踏まえた複数年度にわたる賃金引上げの方向性、政府による賃金引上げの環境整備・支援策[242]などを考慮した検討もあり得よう。

・ **諸手当**

諸手当は、同一労働同一賃金法制への対応とあわせて、そのあり方を再確認し、必要に応じて個々の手当を見直すことが有益である。

物価動向への対応としては、例えば、生活関連手当のうち、適切と思われる手当（生活補助手当、食事手当、地域手当等）の増額、物価動向への対応であることを明確にした手当（インフレ手当、物価対応手当等）の新設などが考えられる。

子育て世代支援の観点からは、配偶者を対象に支給している手当（配偶者手当等）を廃止・縮小する一方、それを原資として、子どもを対

---

[240] ＯＥＣＤの推計によると、日本における雇用者１人当たりの実質賃金（2021年、フルタイム換算、米ドル換算値）は、ＯＥＣＤ加盟34ヵ国中24位に低迷している。詳細は107頁TOPICS「賃金の国際比較」参照。

[241] 制度昇給（定期昇給、賃金カーブ維持分など）により社員個々人の賃金を引き上げても、当該年の労務構成の変化、具体的には入社と退職の状況によって、各企業の賃金総額（人件費）は前年より増大するとは限らない。入社と退職が生じても、年齢階層別の労務構成に変化がなければ、制度昇給に伴う賃金総額は変わらないが、現実的には毎年の労務構成の変化によって増減する。例えば、中高年齢層の社員が多い企業では、制度昇給で必要となる賃金総額が前年より増加する場合や、その世代が順次定年退職することで前年より減少する場合があり得る。

[242] 民間企業の積極的な賃金引上げを支援するための環境整備として、令和４年度税制改正により、賃上げ促進税制が抜本的に拡充された。大企業向け（国税）は、令和５年度末を期限とし、継続雇用者給与等支給額の対前年度増加割合（賃上げ率）が３％以上である場合、雇用者給与等支給額の対前年度増加額の15％の税額控除を行うもの。賃上げ率が４％以上である場合は税額控除率に10％を加算し、教育訓練費の対前年度増加割合が20％以上である場合は税額控除率に５％を加算。税額控除率は最大30％となる。なお、資本金10億円以上かつ常時使用従業員数1,000人以上の企業では、給与引上げの方針、取引先との適切な関係の構築の方針等を記載した「マルチステークホルダー経営宣言」をインターネット上に公表し、かつその事実を経済産業大臣に届け出ることも要件となる。

象とした手当（家族手当、扶養手当、育児支援手当等）の増額、基本給への一部組み入れといった対応も一案となる。

さらに、働き手の能力開発・スキルアップの観点からは職務関連手当（技能・技術手当や資格手当等）の増額・拡充、テレワークの導入・活用に伴う対応としては関連手当（通勤手当、単身赴任・別居手当等）の見直しやテレワーク手当の新設・拡充などが選択肢となる。

・ **賞与・一時金（ボーナス）**

多くの企業では、夏と冬の年２回、自社の短期的な収益動向を基準に原資を決定した上で、社員個々人の成果や貢献度等に基づき、月例賃金を上回る金額[243]を「賞与・一時金」として支給している。

収益が安定的に推移・増大している企業では、自社の制度に則った適切な分配と支給水準の引上げを行うことが基本となる。コロナ禍の影響から収益が回復途上にある企業においても、近年の支給実績や月例賃金の引上げ状況、コロナ禍における社員の貢献なども勘案しながら、できるだけ前向きな検討が望まれる。

物価動向への対応としては、賞与・一時金の支給時における特別加算（物価対応加算、生活支援分など）のほか、賞与・一時金とは異なるタイミングでの特別一時金の支給（年単位、半期・四半期単位、随時等）が考えられる。

（ｂ）総合的な処遇改善・人材育成

「総合的な処遇改善・人材育成」では、多様な働き手の成長と活躍を支援するため、エンゲージメント向上[244]を軸に、「働きがい」と「働きやすさ」に資する諸施策の導入・拡充が重要である。特に、イノベ

---

[243] 経団連「2021年夏季・冬季 賞与・一時金調査結果」によると、非管理職では夏季 72 万 58 円（所定内賃金2.3月分）、冬季 69 万 2,033 円（同2.3月分）、管理職では夏季 146 万 1,602 円（同2.6月分）、冬季 134 万 2,201 円（同2.4月分）が支給されている（いずれも全産業・規模計）。

[244] 詳細は4頁「エンゲージメントの重要性」参照。

ーション創出による生産性向上と付加価値の最大化の観点からは、働き手の能力開発・スキルアップ支援等の人材育成施策の拡充が不可欠といえる。

・「働きがい」の向上と人材育成

経営環境の変化が激しい中、企業が自社の競争力を維持・強化していくには、環境変化に適応できる人材を確保・育成することが不可欠である。ＤＸを担う人材[245]など自社に必要な人材を積極的に採用するとともに、社内外のリソースを活用して人材の育成・定着を図っていかなければならない。社員のエンゲージメント向上の観点からは、働きがいを高めるべく、主体的なキャリア形成と能力開発・スキルアップの促進・支援に向けて、企業には人材育成施策の拡充が求められている[246]。

主体的なキャリア形成[247]においては、管理職などマネジメント層に対して、効果的なキャリア面談の実施方法やコーチングあるいはティーチング手法の習得等による人材育成力の強化に加え、キャリアコンサルタントなど専門家による相談体制の整備などが有効な施策となる。

能力開発・スキルアップ[248]では、自社の事業戦略・人材戦略に基づき、ＯＪＴとＯｆｆ－ＪＴが連動した育成プログラムの構築と実施、評

---

[245] 令和５年度税制改正では、企業のデジタル人材等の育成・確保等の取組みを促進する観点から、「ＤＸ認定基準」を改定し、人材育成・確保等に関する事項を要件化することとされた。このほか、学校教育での人材育成を企業が促進する観点から、企業による大学や高専等の設置への投資も税制で後押しすることとされた（学校法人設立準備財団等について、事前に包括的な財務大臣指定を行うことで個別審査を不要とし、企業による寄附額の全額損金算入が可能）。

[246] 厚生労働省「平成30年版労働経済白書」（学習院大学経済学部宮川努教授推計）によると、日本企業の人的投資（ＯＪＴを除くＯｆｆ－ＪＴの研修費用）は対ＧＤＰ比0.1％（2010～2014年）で、米国の2.08％、フランスの1.78％、ドイツの1.20％と比較して低い結果となっている。こうした中、2023年３月期以降、人材育成の方針や社内環境整備の方針および当該方針に関する指標の内容等の有価証券報告書への記載が義務付けられる。各企業は、自社のＯＪＴやＯｆｆ－ＪＴなど人材育成に関する実態を把握しておく必要がある。

[247] 詳細は46頁「①主体的なキャリア形成」参照。

[248] 詳細は47頁「②能力開発・スキルアップ」参照。

価・見直しとあわせて、大学や公的機関等[249]の外部リソースを活用し、リスキリングを含むリカレント教育など人材育成施策[250]を充実していくことが望まれる。さらに、外部機関が主催する能力開発プログラムの受講や自己啓発等に要する費用補助、能力開発・スキルアップのための時間確保に向けた支援制度の導入・拡充（時短勤務制度や休暇・休業制度（企業版サバティカル休暇））なども一案となる。

現場業務に従事する社員については、自社の競争力の源泉となるコア技術・技能の継承・発展を担う人材の育成に向けて、リスキリングのための教育研修プログラムや公募制プロジェクトの実施なども有益である。

・「働きやすさ」の向上

多様な働き手の活躍促進には、ワーク・ライフ・バランス向上や心身の健康確保に向けた施策の推進とともに、働きやすさを実感できる働き方・職場環境の整備が基本となる。

ワーク・ライフ・バランス向上のための施策としては、時間外労働の削減や年次有給休暇の取得促進のほか、勤務間インターバル制度の導入、休暇制度の新設[251]、仕事と育児・介護を両立できる支援制度・環境の整備などが挙げられる。

健康確保支援策としては、定期健康診断時の検査項目の追加、健康づくりプログラムの導入、メンタルヘルス対策の拡充、人間ドック・

---

[249] 独立行政法人高齢・障害・求職者雇用支援機構が運営する職業能力開発促進センター（ポリテクセンター）では、生産性の向上や業務改善、新たな製品づくりに必要な専門知識及び技能・技術を付与する短期間の在職者訓練を実施している。また、ポリテクセンターには生産性向上人材育成支援センター（生産性向上に向けた人材育成を支援するための総合窓口）が設置され、企業の人材育成に必要な支援を一貫して行っている。

[250] 例えば、ＤＸ分野では、デジタル技術全般の動向（ＡＩ・機械学習の基礎等）やセキュリティ、データアナリティクス、デジタルマーケティング等について、ＧＸ分野では、グリーン成長やＧＸの基礎、国内外の環境政策・エネルギー政策、カーボンニュートラルに貢献する技術動向とビジネスへの活用可能性等について、職種・専門レベルに応じて体系的に学ぶことができるプログラムの整備などが考えられる。

[251] 例えば、不妊治療休暇、キャリアデザイン休暇、配偶者帯同休暇などが挙げられる。

がん検診・不妊治療等に要する費用補助、病気治療と仕事の両立支援制度の導入・拡充などが考えられる。

場所・時間にとらわれない柔軟な働き方・職場環境の整備では、フレックスタイム制や裁量労働制、テレワーク制度、ワーケーション制度、短時間勤務制度、遠隔地勤務制度の導入・拡充など、様々な施策が選択肢となる。

このほか、現場業務に従事する社員の負荷軽減策[252]の導入・拡充、高齢社員や障害のある社員が安全に働くことができる作業環境の整備、テレワーク活用に適したオフィスのリニューアル[253]やサテライトオフィスサービスの利用など、施設・設備面からの改善も重要である。

（３）未来を「協創」する労使関係を目指して

グローバル化やＤＸ・ＧＸの進展、人生100年時代到来による職業生活の長期化など、働き手と企業を取り巻く環境が大きく変わる中、賃金引上げや総合的な処遇改善・人材育成などを通じた「人への投資」の重要性が高まっている。とりわけ、多様な働き手の成長と活躍を支える総合的な処遇改善・人材育成に向けて、企業には、働き手の就労に関する希望やニーズを踏まえ、エンゲージメントを向上させながら、組織活力を高める働き方改革の推進、リカレント教育等による学び・学び直しの支援、職場環境の改善などに向けた不断の努力が求められる。この実現には、重要なステークホルダーである働き手と労働組合の協力が欠かせない。こうした中、中小企業や有期雇用等で働く労働

252 作業工程の自動化・遠隔化やウェアラブル端末による健康管理などの例がある。
253 コラボレーションやレクリエーションスペースの拡充、フリーアドレス化などが挙げられる。

者の多くが、労働組合に属していない現状[254]も踏まえ、企業は様々なレベルや階層、チャネルを通じて、積極的に労使コミュニケーションを図っていく必要がある。

多くの企業が、良好で安定的な労使関係を基盤として、毎年春を中心とした一定の時期に、自社の置かれている経営環境や収益状況等を労使で共有しながら、企業と働き手に関する幅広いテーマについて議論している[255]。さらに、自社の賃金政策のあり方や総合的な処遇改善、人材育成施策の拡充など、その検討・実施に時間を要する事項については、春季労使交渉・協議だけでなく、労使委員会や労使協議会などの場を別途設定し、年間を通じて労使で議論を重ねている企業労使も少なくない[256]。今後もこうした労使協調による取組みを通じて、自社に適した制度の構築・実行へと結び付けていくことが望ましい。

物価上昇という近年とは大きく異なる状況で行われる2023年の春季労使交渉・協議は、わが国の労使関係にとって試金石となる重要な局面で迎えることになる。労使は、「闘争」関係ではなく、価値協創に取り組む経営のパートナーであるとの認識の下、経団連は、わが国が抱える社会的課題の解決に向けて、未来を「協創」する労使関係を目指していく。

---

[254] 厚生労働省「令和4年労働組合基礎調査」によると、推定組織率（雇用者に占める労働組合員数の割合）は規模計15.8%に対し、1,000人以上39.6%、100～999人10.5%、99人以下0.8%で、規模が小さいほど推定組織率も低い。パートタイム労働者の推定組織率は8.5%と全体を大きく下回る。厚生労働省「令和3年労働組合実態調査」では、過去1年間に正社員以外の労働者に関して使用者側と話し合いが持たれた労働組合等は55.1%であった。

[255] 詳細は94頁「労使の話し合いの場としての『春季労使交渉・協議』」参照。

[256] 経団連「2022年人事・労務に関するトップ・マネジメント調査結果」によると、労働組合等と議論した賃金以外の項目（複数回答）としては、春季労使交渉では「育児関連施策の充実」（30.0%）や「時間外労働の削減」（27.8%）、「年次有給休暇の取得促進」（27.2%）など、春季労使交渉以外の場では「時間外労働の削減」（66.5%）や「育児関連施策の充実」（65.0%）、「年次有給休暇の取得促進」（60.2%）などについて議論がなされた。今後重視したい項目としては、「労働生産性の向上策」（39.5%）、「ダイバーシティ&インクルージョンの推進策」（38.7%）、「人材育成施策の拡充」（36.6%）などが挙げられている。

TOPICS

賃金の国際比較

ＯＥＣＤの推計によると、フルタイム換算の雇用者１人当たりの実質賃金は、1991 年以降の 30 年間、米国、英国では 50%超、ドイツ、フランスでは 30%超上昇した一方、日本では 4.9%の上昇にとどまる。2021 年の水準（米ドル換算値）は、ＯＥＣＤ加盟34 ヵ国中24 位に低迷し、グローバルレベルでの人材獲得において、わが国の競争力は低下している。

図表 2-12　フルタイム換算の雇用者１人当たり賃金（年収）の国際比較

①実質賃金の伸び率　　②米ドル換算値（2021 年）

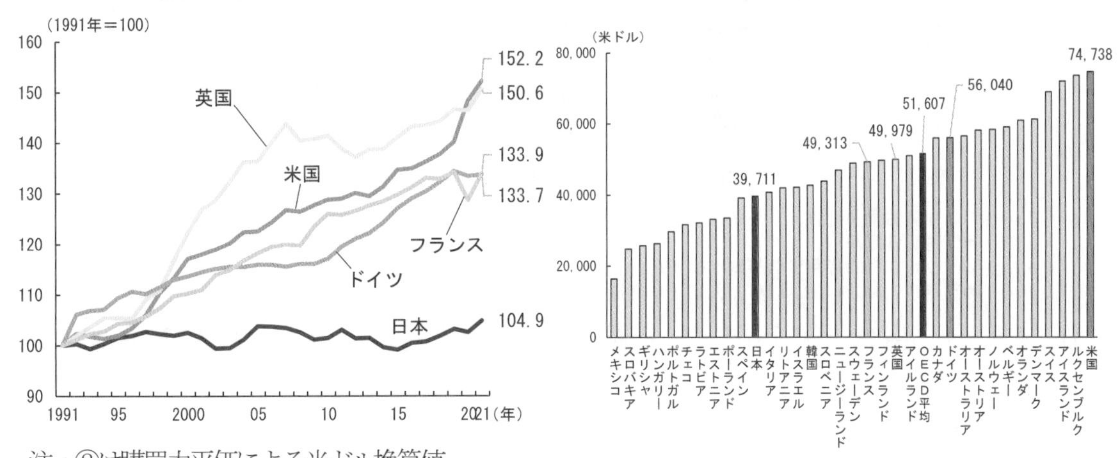

注：②は購買力平価による米ドル換算値。
出典：OECD.Stat をもとに経団連事務局にて作成

（１）平均賃金の変化の要因分解

ＯＥＣＤの定義に基づき、フルタイム換算の雇用者１人当たり実質賃金を、①実質労働生産性（時間当たり）、②ＧＤＰデフレーター、③労働分配率、④雇用者報酬に占める賃金・俸給の割合（以下、賃金・俸給の割合）、⑤フルタイム雇用者の平均年間労働時間（以下、フルタイムの労働時間）、⑥家計消費デフレーターの６つの要素に分解[257]した上で、分析する[258]。

日本の実質賃金の 1990 年代から 2010 年代への変化について、①～⑥がどう寄与したかをみる。実質労働生産性（①）と家計消費デフレーター（⑥）は実質賃金を押し上げた。一方、ＧＤＰデフレーター（②）、労働分配率（③）、賃金・俸給の割合（④）、フルタイムの労働時

---

[257] ＯＥＣＤは、フルタイム換算の雇用者１人当たり実質賃金を（国民経済計算における賃金・俸給÷雇用者数）×（フルタイム雇用者の平均週労働時間÷雇用者の平均週労働時間）÷家計消費デフレーターと定義している。労働時間を年ベースに置き換えた上でこれを変形すると、①実質ＧＤＰ÷（雇用者数×雇用者の平均年間労働時間）×②ＧＤＰデフレーター×③雇用者報酬÷名目ＧＤＰ×④賃金・俸給÷雇用者報酬×⑤フルタイム雇用者の平均年間労働時間÷⑥家計消費デフレーターとなる。

[258] 結果的に実質賃金を変化させるのは、「②ＧＤＰデフレーターと⑥家計消費デフレーターの比率」（②÷⑥）である。本稿では、②と⑥それぞれの実質賃金への影響を明確に示すため、両者を分けて寄与度を示した。

間（⑤）はいずれも低下して[259]、実質賃金を押し下げた。

このうち、わが国の実質賃金上昇率に対する寄与度が大きい実質労働生産性（①）とＧＤＰデフレーター（②）について分析する。

図 表 2-13　フルタイム換算の雇用者１人当たり実質賃金上昇率の要因分解（1991～99 年平均→2011～20 年平均）

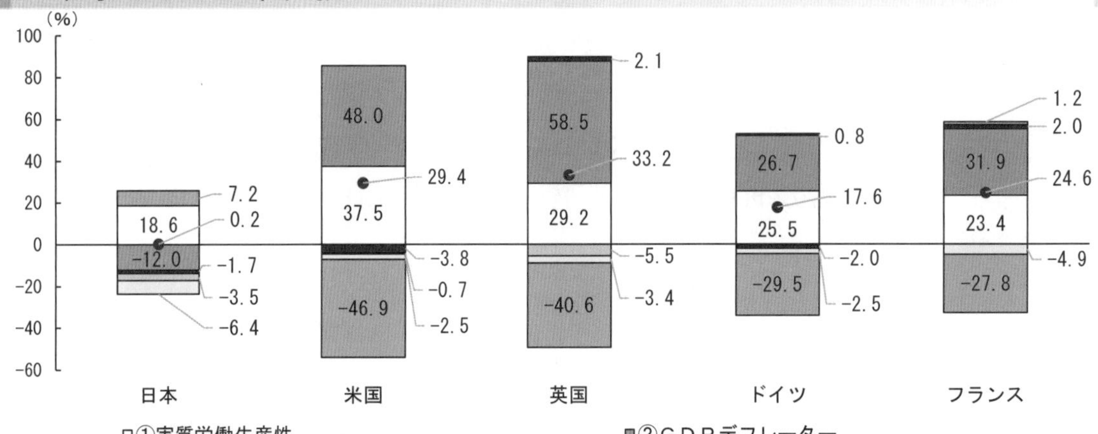

□①実質労働生産性　■②ＧＤＰデフレーター
■③労働分配率　□④雇用者報酬に占める賃金・俸給の割合
□⑤フルタイム雇用者の平均年間労働時間数　■⑥家計消費デフレーター
●雇用者（フルタイム換算）１人当たり実質賃金上昇率

注：実質賃金上昇率は「①の上昇率＋②の上昇率＋③の上昇率＋④の上昇率＋⑤の上昇率－⑥の上昇率」の関係を用いて要因分解した。ただし、近似であり、各要因の寄与度を足し合わせても、実質賃金上昇率とは一致しない。

出典：OECD.Statをもとに経団連事務局にて作成

（２）労働生産性の伸び悩みの背景

1990 年代から 2010 年代の労働生産性の伸びを、資本装備率（時間当たりの実質資本ストック）の寄与とＴＦＰ（Total Factor Productivity：全要素生産性）[260]の寄与に分解すると、ＴＦＰ寄与度は先進５ヵ国（日本、米国、英国、ドイツ、フランス）の中で日本が最も低い。また、資本装備率の内訳においても、ＩＣＴ資本装備率の伸びは５ヵ国で最も低く、デジタル化の遅れが労働生産性の伸び悩みにつながったと考えられる。

---

[259] 労働分配率（③）は米国やドイツに比べて賃金への押下げ寄与が小さい。賃金・俸給の割合（④）の低下は、社会保険料率上昇に伴う事業主の社会負担（社会保険料負担等）の割合の増加、フルタイムの労働時間の減少（⑤）は完全週休２日制の普及や働き方改革の進展などが背景にあると考えられる。

[260] 経済成長のうち、労働や資本の変化では説明できない部分を指す。一般的に、技術革新（イノベーション）、労働や資本の質、利活用の効率性などを反映すると考えられる。

ＴＦＰを高める上では、近年、無形資産[261]の重要性が指摘されている[262]。日本では無形資産のうち、ソフトウェアや研究開発の投資は増加した一方で、人的資本[263]や組織改革への投資が低迷している[264]。能力開発や組織改革の取組みが十分ではなく、デジタル技術や研究開発の成果を有効に活用し切れていない可能性が考えられる。

資本や労働などの資源配分の効率性もＴＦＰに影響を与える。日本では、雇用の流動性の低さなどを背景に、企業間の資源配分が効率的に行われていないとの指摘もある[265]。

図 表 2-14　実質労働生産性と資本装備率の上昇率（1991～99 年平均→2011～20 年平均）

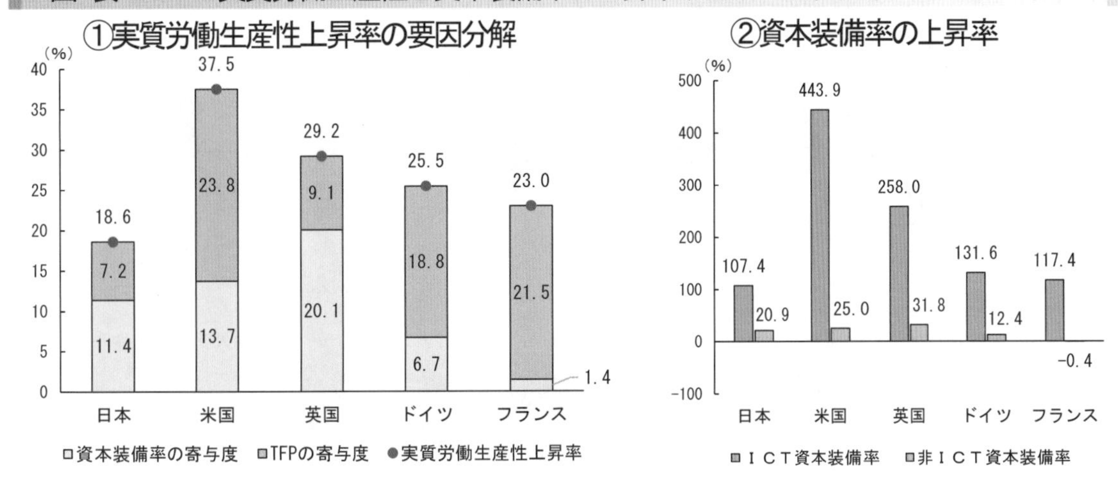

注１：実質労働生産性上昇率＝（１－労働分配率）×資本装備率上昇率＋ＴＦＰ上昇率。労働分配率は1991～2020年の平均値を使用。
注２：フランスは1991～99年平均→2011～19年平均の上昇率。
出典：OECD.Stat、EU KLEMSをもとに経団連事務局にて作成

（３）ＧＤＰデフレーター低下の背景

ＧＤＰデフレーター（名目ＧＤＰ÷実質ＧＤＰ）は、国内で生産される財・サービスの価格の指標とみることができる[266]。ＧＤＰデフレーターの低下は、名目労働生産性（実質労働生産性×ＧＤＰデフレーター）の低下を通じて、賃金を押し下げる要因となる。

---

[261] 建物、機械設備などの有形資産に対し、ソフトウェア、研究開発、人的資本、組織改革などが無形資産に分類される。国民経済計算では、人的資本、組織改革は資本ストックとして計上されないため、これらによる労働生産性への効果はすべてＴＦＰ（全要素生産性）に含まれることになる。

[262] 厚生労働省「平成28年版労働経済の分析」は、無形資産の装備率が上昇している国ほど、ＴＦＰ上昇率も高くなる傾向にあると分析している。

[263] ここでいう「人的資本」への投資はＯｆｆ-ＪＴの費用を指している。日本の多くの企業が実施しているＯＪＴの機会費用は含まれないことに留意が必要である。

[264] 経済産業研究所「JIPデータベース2021」において、無形資産投資（実質）の増減率（1995→2018年平均）を種類別にみると、ソフトウェア＋3.4％、研究開発＋1.3％、人的資本−0.6％、組織改革−0.8％となっている。

[265] 日本銀行「わが国の生産性動向」(2022年３月）は、個別企業のデータを用いた分析により、日本では、労働生産性の変化に対する再配分効果（資本や労働が生産性の高い企業に移動することによる効果）の寄与が小さいとした上で、その要因の１つとして、雇用の流動性が低いことを指摘している。

[266] 分子の名目ＧＤＰは、国内需要＋輸出−輸入（実質輸入×輸入デフレーター）であるため、仮に輸入価格が上昇した場合、企業がその上昇分を国内価格や輸出価格に転嫁できれば、ＧＤＰデフレーターに変化はないが、転嫁ができない場合、ＧＤＰデフレーターは低下する。

ＧＤＰデフレーターと、その内訳である国内需要・輸出・輸入のデフレーターの1990年代から2010年代への変化をみると、原油価格の上昇傾向などを背景に、各国で共通して輸入デフレーター（輸入価格）が上昇した。しかし、他国では輸出デフレーター（輸出価格）、国内需要デフレーター（国内価格）が上昇している一方、日本ではいずれも低下し、その結果、ＧＤＰデフレーターは低下した。

図表2-15　ＧＤＰデフレーター等の上昇率（1991～99年平均→2011～20年平均）

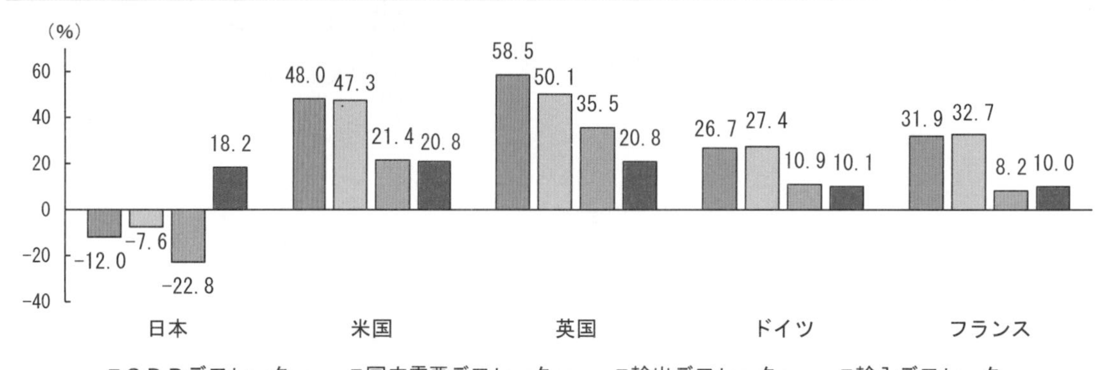

出典：OECD.Stat、内閣府「国民経済計算」をもとに経団連事務局にて作成

輸入原材料価格の上昇分を国内での販売価格や輸出価格に転嫁することができなかった背景としては、日本企業の多くが価格競争下に置かれていること[267]などが挙げられる。日本のマークアップ率[268]は欧米諸国や中国に比べて低い水準にあり、付加価値に見合った適切な対価が設定されていない可能性が高い。このことが、名目労働生産性を低迷させ、賃金の伸び悩みにつながったと考えられる。

図表2-16　マークアップ率の国際比較（2016年）

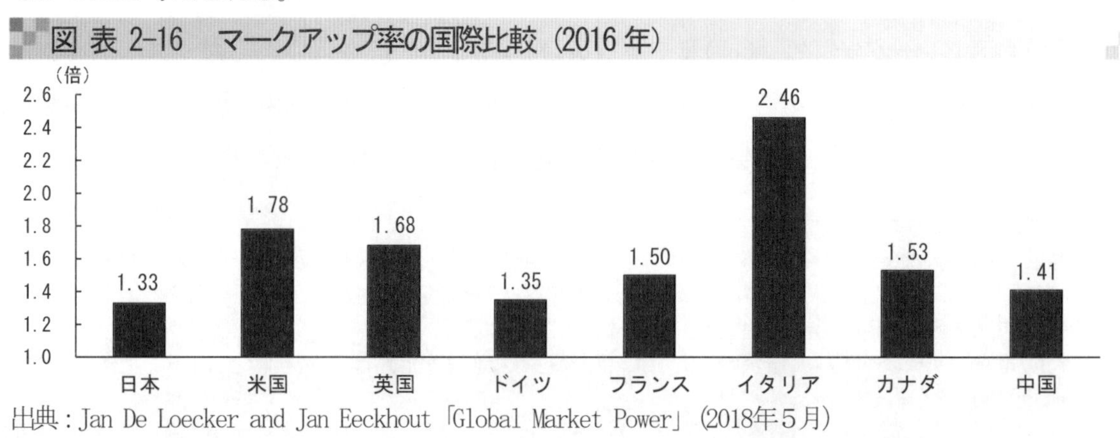

出典：Jan De Loecker and Jan Eeckhout「Global Market Power」（2018年５月）

---

[267] 経済産業省「平成29年版通商白書」によると、自社が価格競争に巻き込まれていると感じている企業の割合（2014年）は、日本80%に対し、米国36%、英国33%、ドイツ60%、フランス71%であった。

[268] 分母をコスト（限界費用）、分子を販売価格とする指標であり、製造コストの何倍の価格で販売できているかを表している。

TOPICS

雇用者の構成変化と平均賃金への影響

（1）近年の雇用者の構成変化

近年、わが国では、女性や高齢者の労働参加が進展している。総務省「労働力調査」によると、女性（59 歳以下）と高齢者（60 歳以上男女）の雇用者数（役員を除く）は、2005 年から 2021 年にかけ 760 万人増加し、雇用者数全体に占める割合は 48.1%から 56.0%に上昇した。増加した 760 万人の 6 割弱にあたる 447 万人は、「非正規の職員・従業員」[269]（有期雇用等労働者）であった。このため、雇用者数全体に占める「非正規の職員・従業員」の割合は、2005 年の 32.6%から 2021 年には 36.7%に上昇した。

図 表 2-17　雇用者（役員を除く）の構成変化（2005→2021 年）

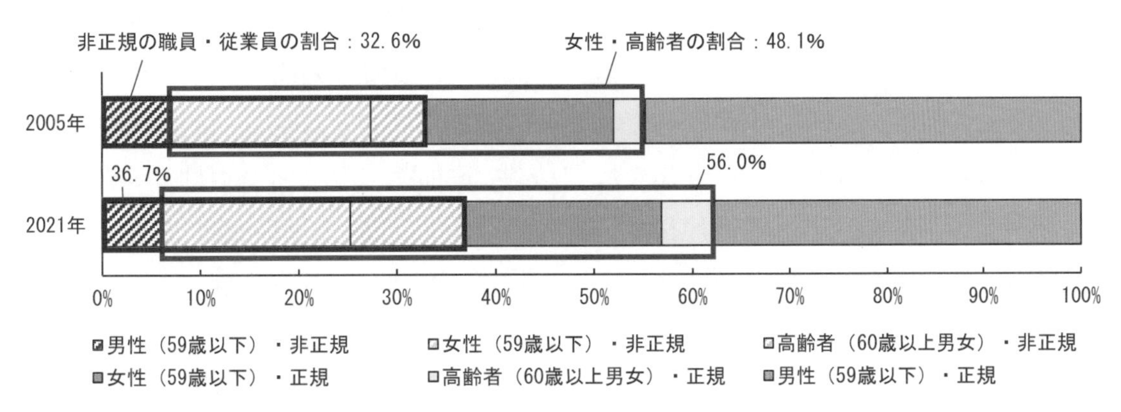

出典：総務省「労働力調査」をもとに経団連事務局にて作成

（2）平均賃金への影響

雇用者を属性（フルタイム・パートタイム、無期・有期、性別、年齢別）により 12 の区分に分けた上で、時間当たりの賃金水準（厚生労働省「賃金構造基本統計調査」）を見てみる。「フルタイム無期」の女性（59 歳以下）と高齢者（60 歳以上男女）、「フルタイム有期」と「パートタイム」の全区分で、賃金水準は「フルタイム無期・59 歳以下・男性」に比べ低い。このため、女性と高齢者の労働参加の進展と、それに伴う有期雇用・パートタイムの構成比の上昇は、わが国全体の平均賃金を押し下げる要因となっている。

---

[269] 総務省「労働力調査」では、雇用形態について、勤め先での呼称により、「正規の職員・従業員」「パート」「アルバイト」「労働者派遣事業所の派遣社員」「契約社員」「嘱託」「その他」の 7 つに区分し、「正規の職員・従業員」以外の 6 区分をまとめて「非正規の職員・従業員」と表章している。

図表2-18　属性別の賃金水準（時間当たり実質賃金）

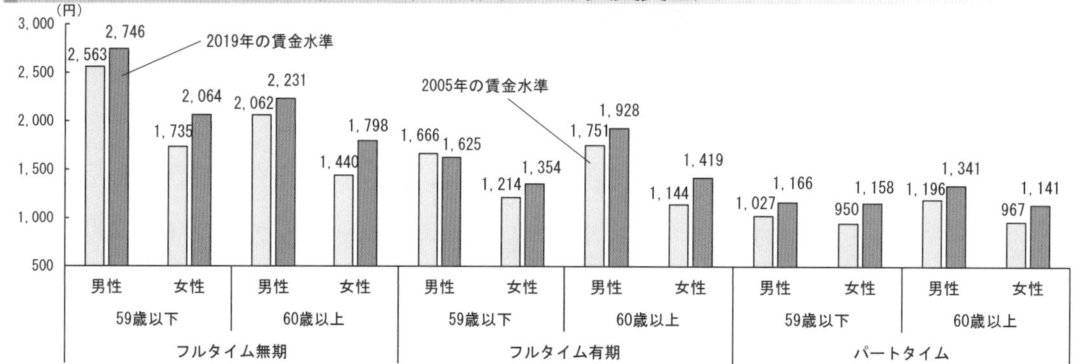

注1：データの制約から、パートタイムの所定外給与は除く。
注2：賃金は家計最終消費支出デフレーター（2015年基準）で割って実質化したもの。
出典：厚生労働省「賃金構造基本統計」、内閣府「国民経済計算」をもとに経団連事務局にて作成

この影響を確認するため、2005年から2019年[270]の平均賃金の変化を、「各属性の賃金の変化」と「属性間の構成比の変化」による寄与に分解して分析する。「各属性の賃金の変化」は平均賃金を10.8%ポイント押し上げた一方、「属性間の構成比の変化」は6.1%ポイント押し下げた。この結果、わが国全体の平均賃金は4.6%の伸びにとどまった。「属性間の構成比の変化」の寄与の内訳をみると、パートタイムの女性、高齢者、フルタイム有期の高齢者の増加による押下げが大きい。女性や高齢者の労働参加が進展し、賃金水準が相対的に低い有期・パートタイムの雇用者の比率が上昇したことで、平均賃金の伸びが抑制されたことが確認される。

図表2-19　平均賃金（時間当たり実質賃金）の推移と要因分解（2005→2019年）

①平均賃金の推移

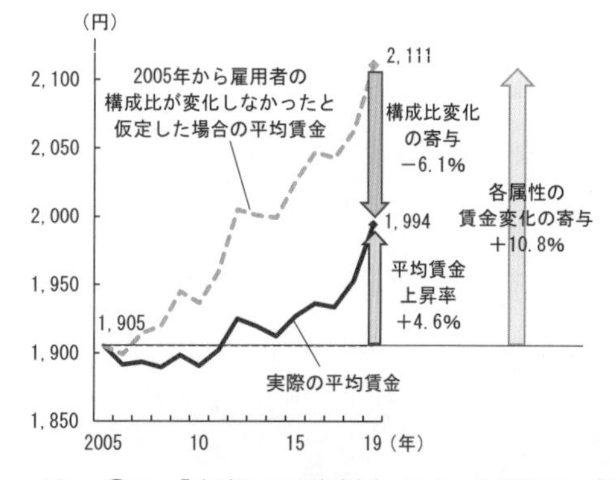

②構成比変化の寄与の内訳

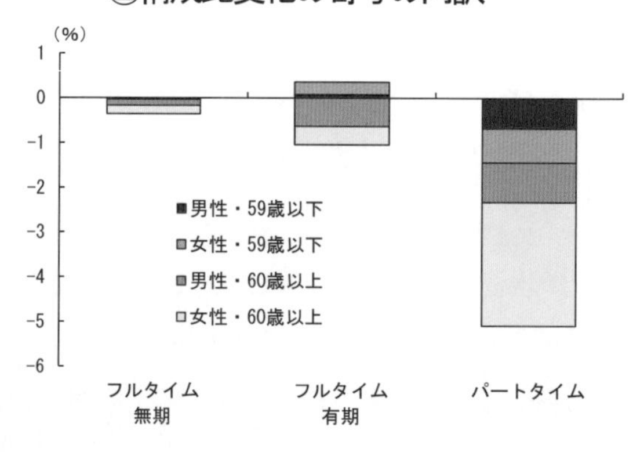

注：①の「実際の平均賃金」は、属性別の賃金と構成比による加重平均。
出典：厚生労働省「賃金構造基本統計」、同「毎月勤労統計」、内閣府「国民経済計算」をもとに経団連事務局にて作成

[270] 厚生労働省「賃金構造基本統計」において、時系列で比較可能な雇用形態別（無期・有期）のデータが取得できる2005年から2019年を対象とした。

（3）雇用者構成と平均賃金の変化に関する国際比較

女性・高齢者やパートタイム労働者の賃金水準が相対的に低い傾向は、他国においても概ね共通している[271]。このため、就業者に占める女性・高齢者、パートタイム労働者の比率が上昇した国ほど、平均賃金の伸び率が低い傾向が見られる。日本においては、女性・高齢者、パートタイム労働者の比率の上昇幅は相対的に高くなっている。このことが1990年代以降、諸外国に比べて平均賃金が伸び悩んだ要因の１つと考えられる[272]。

図表2-20　国別の女性・高齢者、パートタイム労働者の比率と平均賃金の変化（1995→2020年）

①女性・高齢者（60歳以上）の比率　　②パートタイム労働者の比率

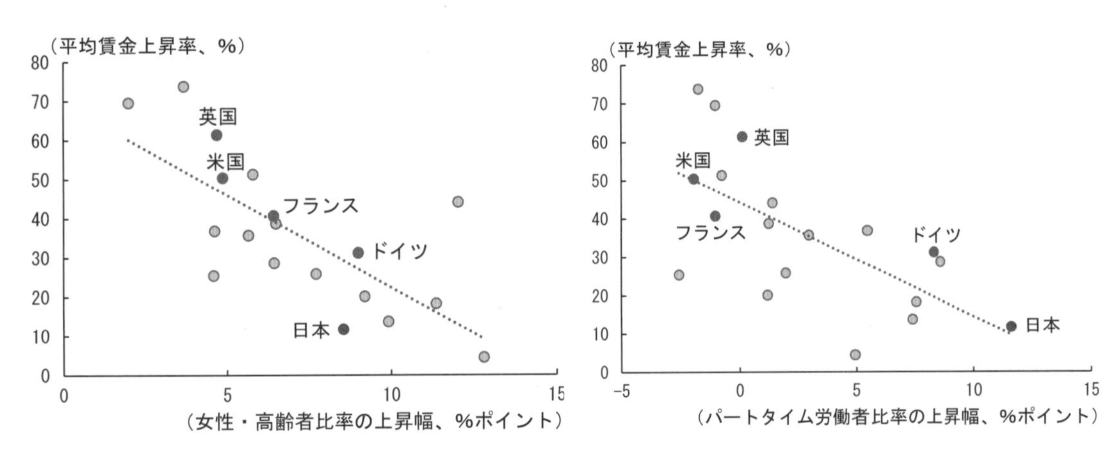

注１：女性・高齢者、パートタイム労働者の比率は就業者数に占める割合。
注２：平均賃金は時間当たり実質賃金。賃金・俸給÷（雇用者数×労働時間）÷家計消費デフレーターにより算出。
注３：日米英独仏以外の国は、オーストリア、ベルギー、カナダ、デンマーク、フィンランド、ギリシャ、イタリア、ルクセンブルク、オランダ、ノルウェー、ポルトガル、スペイン、スウェーデン、スイス。
出典：OECD.Statをもとに経団連事務局にて作成

[271] 例えば、米国では、週当たり賃金（2021年）は、「フルタイム・25〜54歳・男性」の1,144ドルに対し、「フルタイム・25〜54歳・女性」が954ドル、「フルタイム・65歳以上計」が994ドル、「パートタイム計」が317ドルとなっている（米国労働省「Labor Force Statistics from the CPS」）。

[272] そのほかの要因については、107頁TOPICS「賃金の国際比較」参照。

TOPICS

インフレ下における物価と賃金引上げの動向

（１）足元の物価動向

世界経済のコロナ禍からの回復や原油等の原材料価格の上昇に加え、為替レートの円安傾向を受け、消費者物価は足元で上昇している。賃金との関係で参照されることが多い「持家の帰属家賃を除く総合」[273]において、2022 年４－11 月平均の前年同期比は 3.5%であった。これは、1970 年代のオイルショック時より低いものの、消費税率引上げの影響を受けた 2014 年度（3.5%）を除けば、年度ベースでは 1981 年度（4.0%）以来の高い伸び率となっている（116 頁図表 2-23 参照）。

そこで、過去の物価上昇時における賃金引上げの動向について振り返る。

（２）オイルショック時における賃金引上げの動向

① 第１次オイルショック時の対応

1973 年秋に発生した第１次オイルショックは、「狂乱物価」と呼ばれた急激な物価高騰をもたらし、1973 年度の消費者物価上昇率は 16.1%となった。高インフレの下で行われた 1974 年の春季労使交渉では、労働側の賃上げ要求も高まり[274]、賃金引上げ率（経団連調査）は過去最高の 30.6%（引上げ額 27,445 円）を記録した。大幅な賃金引上げはさらなる物価上昇をもたらした。1974 年度の消費者物価上昇率は 21.8%となり、景気は悪化し、実質ＧＤＰ成長率は－0.5%と、戦後初のマイナス成長となった。

こうした状況の中、労働問題専門の経営者団体である日経連（当時）は 1974 年 11 月に『大幅賃上げの行方研究委員会報告』を公表した。同報告において、危機的なインフレと収益増大を伴わない大幅な賃金引上げの悪循環の回避に向け、「1975 年度は経過措置として 15%以下、1976 年度以降は１ケタ台の賃上げガイドポストを設ける」との方針を打ち出し、賃金引上げ率の一定程度の抑制を呼びかけた。一方、労働側もそれまでの高度経済成長を前提とした大幅賃上げ要求を見直し、マクロ経済動向との整合性を重視した賃金要求（経済整合性論）へと闘争目標を転換した[275]。

この結果、1975 年の月例賃金の引上げ率は 12.8%となり、物価上昇率も 1975 年度（10.4%）

---

[273] 消費者が実際に購入する財・サービスの物価の動きを把握するため、「総合」から、実際に市場での売買がない「持家の帰属家賃」（持家世帯が住んでいる住宅を借家だと仮定した場合に支払われるであろう家賃）を除いたもの。

[274] 例えば、日本労働組合総評議会（総評）は、要求基準を当初「３万円以上、30%以上」としていたが、物価の高騰を受け、「３万5,000 円～４万円」に引き上げた。

[275] 1974 年８月の日本鉄鋼産業労働組合連合会（鉄鋼労連）大会において、宮田義二委員長（当時）は「50 年春闘は経済成長が戦後初めて実質でゼロないしマイナス成長になろうとしている中で、これまでの前年実績プラスアルファの賃上げパターンがそのまま通用し得るかどうか難しい」「これからはいかに実質的に、しかも経済成長に見合って我々が計画的に賃上げを考えていくかが、重要なポイントになる」と発言した。

から低下を続け、「狂乱物価」はようやく収束した。

② 第２次オイルショック時の対応

1979年からの第２次オイルショックにより、低下傾向にあった消費者物価上昇率は1979年度（4.8%）に上昇に転じ、1980年度は7.8%に高まった。

再び物価上昇の下で行われることとなった1981年の春季労使交渉は、第１次オイルショックの経験を踏まえ、マクロ経済動向と賃金引上げとの整合性を重視した「経済整合性論」による賃金決定を図るべく、労使双方が意識的に対応した。その結果、賃金引上げ率は7.51%と、前年度の消費者物価上昇率（7.8%）と同程度の伸びに収まった。

図 表 2-21　消費者物価上昇率と月例賃金引上げ率の推移（1966〜1981年度）

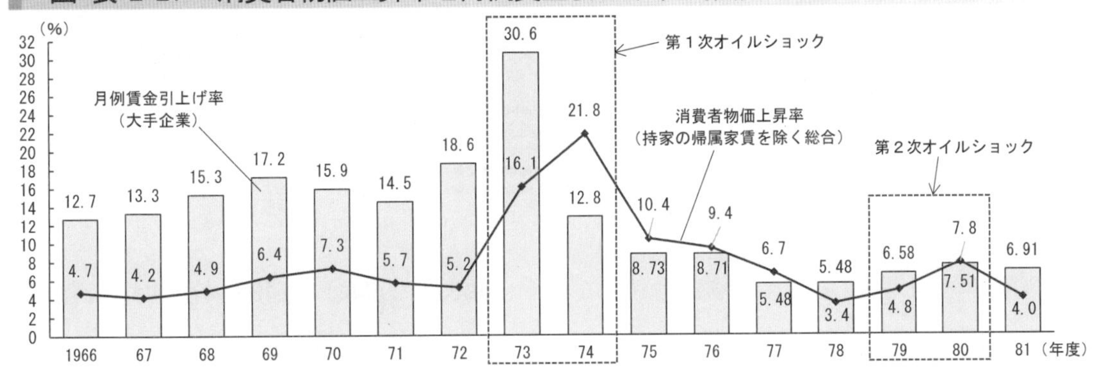

注：月例賃金引上げ率は翌年の数値。
出典：総務省「消費者物価指数」、経団連「春季労使交渉・大手企業業種別妥結結果」

（3）オイルショック以後の動向

第２次オイルショックの収束後、消費者物価上昇率は1980年代半ばにかけ、低下傾向で推移した。1980年代終わりから1990年代初めには、消費税導入や湾岸戦争を背景とする原油価格上昇に伴い、消費者物価も上がったものの、その後は低水準で推移した。特に1990年代後半以降は、物価上昇率がマイナスとなる年度も散見されるなど、デフレ状況に陥った。こうした中で、賃金決定にあたって物価の動向を考慮した企業の割合も低水準で推移している。

図 表 2-22　賃金決定にあたって物価の動向を考慮した企業の割合の推移

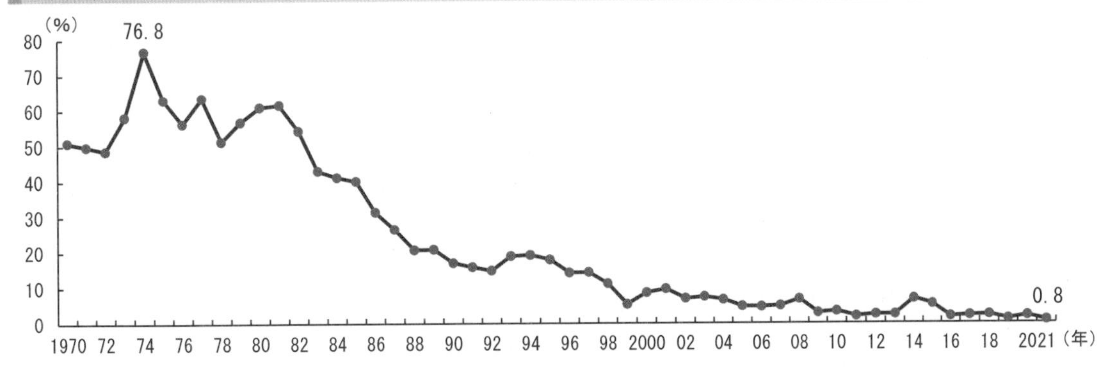

注：「物価の動向」を重視したすべての企業（最も重視したものを１つ、そのほかに重視したものを２つまでの最大３つまでの複数回答による）の数を集計対象企業数で割ったもの。
出典：厚生労働省「賃金引上げ等の実態に関する調査」

月例賃金の引上げ率は、バブル期の1990年（5.91％）をピークに低下し、2000年以降は１％台後半〜２％台半ばで推移しているものの、前年度の消費者物価上昇率（消費税率引上げの影響を除く）は上回っている[276]。

2023年の春季労使交渉・協議は、近年経験していない高い物価上昇局面で迎えることとなる。賃金決定における様々な考慮要素のうち、「物価動向」を特に重視した対応が社会的に求められている。

図表 2-23　消費者物価上昇率と月例賃金引上げ率の推移（1982〜2022年度）

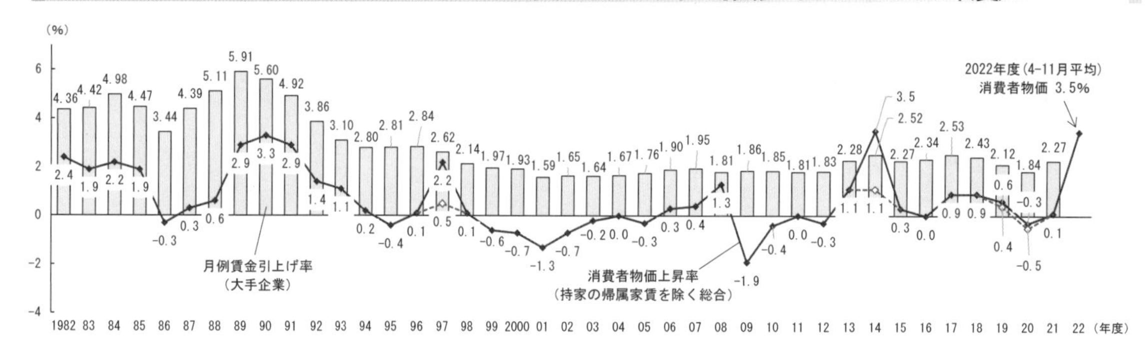

注１：月例賃金引上げ率は翌年の数値。
注２：消費者物価上昇率の白抜き・点線部分（1997、2014、2019、2020年度）は消費税率引上げの影響を除くベース。
出典：総務省「消費者物価指数」、経団連「春季労使交渉・大手企業業種別妥結結果」

[276] 中小企業の月例賃金引上げ率（経団連調査）においても1990年（5.78％）をピークとして、2000年以降は１％台前半〜後半で推移しているものの、大手企業と同様、前年度の消費者物価上昇率（消費税率引上げの影響を除く）は上回っている。

TOPICS

労働分配率の動向

（1）マクロの労働分配率

企業の事業活動によって得られた付加価値は、その創出に貢献した労働者と企業（資本）などに分配される。このうち、労働者に分配された割合を労働分配率という。わが国の多くの企業は、景気後退期においても、社員の雇用や労働条件を維持する傾向が強いため、労働分配率の分子である人件費は安定的に推移する一方、分母の付加価値は景気動向に伴って大きく変動する。この結果、わが国の労働分配率は景気と逆相関の動きを示す。

実際、財務省「法人企業統計」で確認すると、近年では景気回復期であった2013〜2018年度において、労働分配率は低下傾向にあったが、米中貿易摩擦の影響などで景気後退期に入った2019年度に上昇した。新型コロナウイルス感染症の拡大が始まった2020年度には71.5%に高まった。2021年度は、感染症対策と経済活動の両立が図られる中、企業収益が回復したことから68.9%に低下したものの、コロナ前の2019年度（68.6%）とほぼ同水準にある。

また、景気変動による影響をならした上で、長期的な動向をみると、2000年代以降、労働分配率は低下傾向にある[277]。

図 表 2-24　労働分配率（金融業、保険業を除く全産業）の推移（1980〜2021年度）

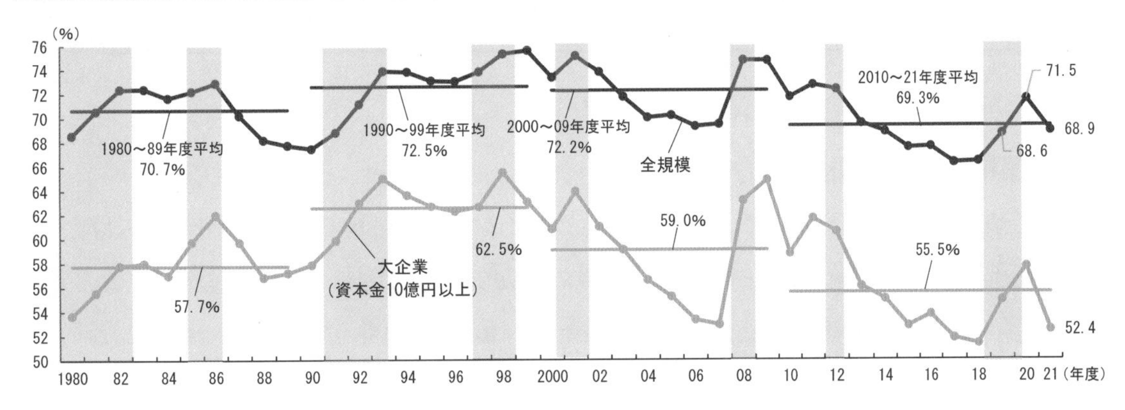

注１：労働分配率＝人件費／付加価値、人件費＝役員給与＋役員賞与＋従業員給与＋従業員賞与＋福利厚生費、付加価値＝人件費＋支払利息等＋動産・不動産賃借料＋租税公課＋営業純益。
注２：網掛け部分は景気後退期。
出典：財務省「法人企業統計」をもとに経団連事務局にて作成

[277] 技術革新に伴う資本による労働の代替や、グローバル化による労働集約的な部門の途上国への移転などを背景に、多くの先進国において、労働分配率は長期的な低下傾向にあることが指摘されている。例えば、ＯＥＣＤ「Employment Outlook 2018」（2018年7月）は、先進国における労働分配率（ＯＥＣＤ加盟国のうち24ヵ国平均）は1995年から2013年にかけて約3.5ポイント低下し、このうち、約1.8ポイントが技術革新に伴う資本財価格の低下による寄与、約0.7ポイントがグローバル・バリュー・チェーンの拡大による寄与であるとの分析を示している。

法人企業統計の数値は、単体決算ベースの集計値であり、分子の人件費は国内の社員に支払われたものである。一方、分母の付加価値には、純粋持株会社[278]が海外子会社から受け取った配当金（海外企業が生み出した付加価値の一部）やロイヤリティ収入が含まれている可能性がある点[279]に留意が必要である。このため、国内企業が生み出した付加価値の分配状況をより正確に捉えるには、純粋持株会社を除いて考えた方が適切な場合もある。

純粋持株会社を除いて算出した労働分配率をみると、それを含む分配率に比べて水準が高く、両者の乖離は近年広がる傾向にある。2008 年度以前の純粋持株会社のデータが存在しないため、単純に比較はできないが、純粋持株会社を除くと、長期的にみた低下の度合いも緩やかになっている。

図表 2-25　労働分配率（金融業、保険業を除く全産業）の推移（2000～2021 年度）

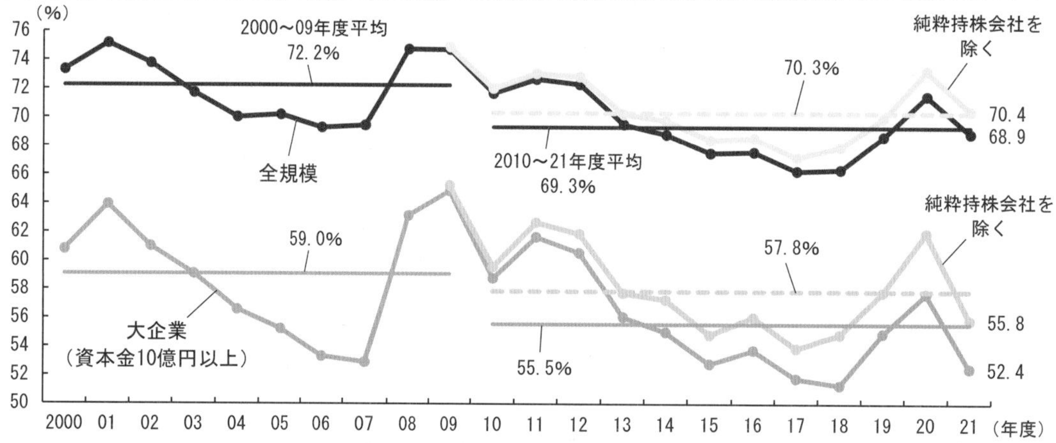

(%)
76
74
72
70
68
66
64
62
60
58
56
54
52
50
2000～09年度平均
72.2%
全規模
2010～21年度平均
69.3%
70.3%
純粋持株会社を除く
70.4
68.9
59.0%
大企業
（資本金10億円以上）
55.5%
57.8%
純粋持株会社を除く
55.8
52.4
2000 01 02 03 04 05 06 07 08 09 10 11 12 13 14 15 16 17 18 19 20 21 （年度）

出典：財務省「法人企業統計」をもとに経団連事務局にて作成

（2）業種別・企業規模別の労働分配率

労働分配率の水準は、業種によって大きく異なる。これは業種ごとの設備投資の状況の違いなどを反映している。資本装備率（1人当たりの固定資産額）が高い業種は投資の原資として、利益を多く確保する必要があるため、労働分配率は低くなる傾向がある。大規模な設備や施設を要する不動産業、電気・ガス、石油・石炭製品、化学などは労働分配率が相対的に低い。一方、労働集約的な繊維や印刷、サービス業[280]などは労働分配率が相対的に高くなっている。

---

[278] 株式の所有により、他の会社の活動を支配することを主たる事業とする企業のこと。2021 年度の純粋持株会社の付加価値は7.8 兆円であり、わが国企業全体（金融業、保険業を除く）の付加価値（300.0 兆円）の2.6%、大企業に限ると7.1%に当たる。

[279] 純粋持株会社（単体）では、子会社からの配当金は本業の収入として売上高等に計上され、付加価値に含まれる。経済産業省「純粋持株会社実態調査」によると、純粋持株会社の2014 年度の売上高又は営業収益に占める関係会社からの受取配当金の割合は 70.0%となっている。他方で、本業の事業活動を行いながら、他の会社を支配する事業持株会社（単体）では、子会社からの配当金は営業外収益に計上され、付加価値には含まれないと考えられる。

[280] 「宿泊業、飲食サービス業」「生活関連サービス業、娯楽業」「学術研究、専門・技術サービス業」「教育、学習支援業」「医療、福祉業」などがサービス業に分類される。

図 表 2-26　業種別の労働分配率と資本装備率（2010～21 年度平均）

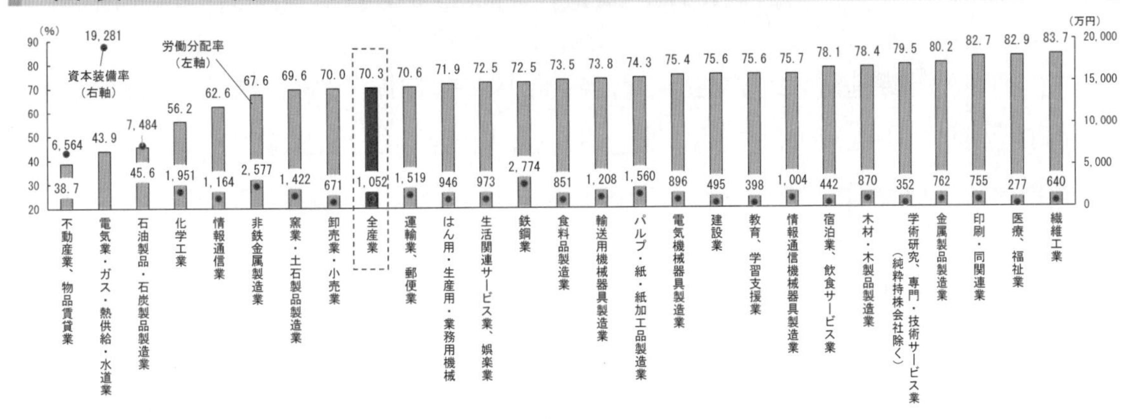

注1：企業規模計。全産業は金融業、保険業と純粋持株会社を除く。
注2：資本装備率＝（有形固定資産＋無形固定資産）÷従業員・役員数、労働分配率の定義は図表2-24と同じ。
出典：財務省「法人企業統計」をもとに経団連事務局にて作成

企業規模によっても、労働分配率の水準は異なり、規模が小さいほど高くなっている。これは、大企業に比べて、生産量1単位当たりの労働投入量が多く、労働集約的であることによる。

図 表 2-27　企業規模別の労働分配率・人件費・労働生産性（2021 年度）

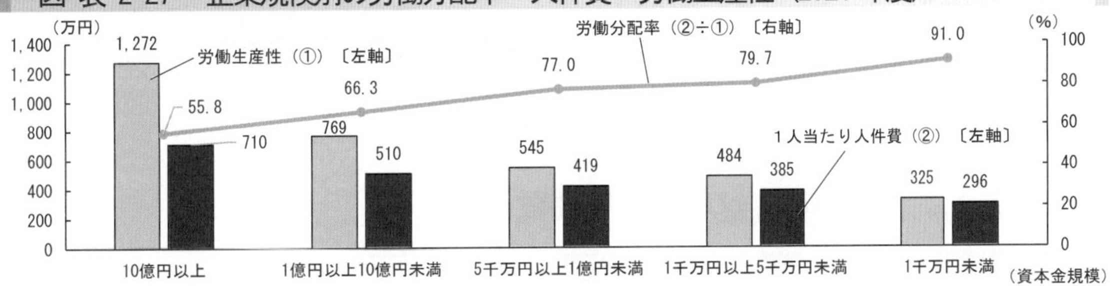

注1：金融業、保険業と純粋持株会社を除く。
注2：人件費（従業員・役員1人当たり）を労働生産性（1人当たり付加価値）で除したものが労働分配率である。
出典：財務省「法人企業統計」をもとに経団連事務局にて作成

（3）労働分配率と賃金決定

自社の労働分配率[281]を労使での議論における参考指標の1つとする際には、業種や企業規模による水準の違いに留意するとともに、自社の経営環境や事業内容、労務構成などを十分に踏まえる必要がある。

加えて、近年、多くの企業では、働き手のエンゲージメント向上のため、テレワークなど多様で柔軟な働き方の推進、仕事と育児・介護等の両立支援策の導入・拡充、人材育成・自己啓発支援策の充実など、賃金引上げ以外の総合的な処遇改善への取組みに労使で注力している。わが国企業における労働者への分配状況を論じる際には、その方法が多様化していることにも留意する必要がある。

---

281 各企業において自社の労働分配率を把握するには、労働分配率の定義（117 頁の図表2-24 の注1参照）に基づき、財務諸表などから該当する数値を求めて、計算することが考えられる。

TOPICS
内部留保のあり方

内部留保は、当期純利益から株主への配当金などを差し引いた残高の累計で、貸借対照表上は純資産の部に「利益剰余金」として計上される。財務省「法人企業統計」によると、わが国企業全体の利益剰余金（2021 年度）は前年度比 6.6%増の 516.5 兆円と、10 年連続で増加した。

利益剰余金は、借入金や社債、新株発行による資金などと同様、企業の資金調達手段の１つである。調達した資金は、現金・預金だけでなく、建物や機械設備など様々な資産の形で保有されていることから、貸借対照表全体をみた上で、その活用状況を評価する必要がある。他方で、新しい資本主義の実現[282]に向けては、人への投資やＤＸ・ＧＸといった重点分野への計画的な投資拡大の必要性が指摘されている。

（1）内部留保（利益剰余金）の動向と企業の財務状況の変化

2012 年度と 2021 年度のわが国企業全体の貸借対照表を比較し、資金調達と資産保有の動向を概観する。純資産の部で利益剰余金は増加している。一方、資産の部では、現金・預金のみならず、建物・設備等、投資有価証券、その他固定資産などの増加幅も大きい。企業は、内部留保によって調達した資金を現金・預金として蓄積するだけでなく、国内での設備投資や海外企業のM&Aなどに積極的に活用してきたといえる。

図 表 2-28　わが国企業全体の貸借対照表の変化

（兆円）

資産の部	2012年度	2019年度	2020年度	2021年度	12→21年度増減額	19→20年度増減額	20→21年度増減額	負債・純資産の部	2012年度	2019年度	2020年度	2021年度	12→21年度増減額	19→20年度増減額	20→21年度増減額
現金・預金	168.3	221.3	259.5	281.0	112.7	38.2	21.5	支払手形・買掛金	162.5	162.2	154.1	168.5	6.0	−8.1	14.4
受取手形・売掛金	212.6	226.4	219.6	241.5	28.9	−6.8	21.9	短期借入金	162.3	176.0	186.9	191.5	29.2	10.9	4.6
棚卸資産	105.0	120.1	119.3	133.1	28.1	−0.7	13.8	社債	51.9	87.9	104.2	112.0	60.1	16.2	7.8
その他流動資産	150.5	195.8	215.7	233.0	82.6	19.9	17.3	長期借入金	267.4	321.7	362.4	394.7	127.3	40.7	32.3
土地	174.8	185.4	184.2	190.5	15.7	−1.2	6.2	その他負債	255.1	297.4	307.1	332.6	77.5	9.7	25.5
建物・設備等	253.3	301.0	305.4	319.1	65.8	4.3	13.7								
投資有価証券	236.2	358.8	360.5	385.9	149.7	1.7	25.3	資本金・資本剰余金	233.4	289.5	280.3	299.0	65.5	−9.2	18.7
その他固定資産	133.2	193.9	212.0	228.6	95.4	18.1	16.6	利益剰余金	304.5	475.0	484.4	516.5	212.0	9.3	32.1
（資産合計）	1437.1	1805.6	1879.7	2015.7	578.6	74.1	136.1	（負債・純資産合計）	1437.1	1805.6	1879.7	2015.7	578.6	74.1	136.1

注：企業規模計。金融業、保険業を除く全産業。
出典：財務省「法人企業統計」をもとに経団連事務局にて作成

（2）コロナ禍における内部留保（利益剰余金）

コロナ禍の企業財務への影響をみるため、2019 年度と 2020 年度、2020 年度と 2021 年度を比較すると、長期借入金の増加額はそれぞれ 40.7 兆円、32.3 兆円と、利益剰余金の増加額（9.3 兆円、32.1 兆円）を上回っている。資産の部では、現金・預金が大きく増加している。

---

[282] 政府「経済財政運営と改革の基本方針2022」（2022 年６月）では、「新しい資本主義に向けた重点投資分野」として（1）人への投資と分配、（2）科学技術・イノベーションへの投資、（3）スタートアップ（新規創業）への投資、（4）グリーントランスフォーメーション（GX）への投資、（5）デジタルトランスフォーメーション（DX）への投資が掲げられている。

売上が減少する中、金融機関等からの借入を増やして、事業の運転資金を確保してきた[283]ことが確認できる[284]。

日本銀行「資金循環統計」でみた非金融法人企業の現金・預金残高は、2006年度以降増加を続けている[285]。現金・預金の増加に対して、「企業は必要以上に現金・預金を貯め込んでいる」との指摘がみられるが、金融資産全体に占める現金・預金の比率は20〜25%程度で90年以降ほぼ横ばいで推移[286]している。

また、不安定な国際情勢や急速な円安進行に伴う物価上昇など経営環境の不透明感が高まる中、企業はあらゆるリスクを想定して、現金・預金を一定程度保有しておく必要がある。特に中小企業は、コミットメントライン契約[287]の締結が難しいことに鑑みると、非常時の備えとして、現金・預金を厚めに保有しておく必要がある[288]。

（3）内部留保（利益剰余金）の意義

日銀短観の資金繰り判断ＤＩによると、コロナ禍以前の現金・預金のストックにより手元資金を一定程度保有していたこと等を背景に、企業の資金繰りはリーマンショック時ほどの悪化はみられず、2021年以降はコロナ禍以前に近い水準まで回復している。このことは、企業倒産[289]の抑制[290]と、雇用情勢の悪化の防止にも一定の寄与をしたものと考えられる。

有利子負債比率の水準についてみると、利益剰余金の増加により自己資本を厚くしていたことで、借入金の増加にもかかわらずリーマンショック時との比較では低位に留まっている。景気回復期に財務体質を強化していたことが奏功したといえ、現金や預金といった一定の手元流

---

[283] 2020年度の企業全体の現金・預金は売上高の2.29ヵ月であったのに対し、2021年度は2.33ヵ月分に微増した。

[284] 資本金10億円以上の製造業についてみると、2020年度から2021年度にかけ、利益剰余金の増加額は9.4兆円であったのに対し、現金・預金の増加額は0.1兆円にとどまる。他方、長期借入金は2.4兆円減少し、投資有価証券は4.2兆円増加していることから、財務健全化を行いつつ、投資にも積極的であった姿勢がうかがわれる。

[285] 2006年度の現金・預金残高は187.6兆円だったのに対し、2021年度は337.2兆円に上る。

[286] 野村総合研究所「企業の内部留保、現預金への課税が衆院選挙の論点に」（2021年10月）では、「企業の金融資産全体に占める現預金の比率は、20〜25%程度で90年以降ほぼ横ばいである」とし、「企業が利益を現預金に死蔵させており、経済活動の活性化のために前向きに使っていない、また、その傾向を強めているとの指摘は当たらない」としている。

[287] 銀行等の金融機関と企業等があらかじめ設定した期間・融資枠の範囲内で、企業等からの請求に基づき、金融機関が融資することを約束する契約のこと。契約の締結には所定の審査があり、資本金の額など一定の条件を満たしている必要がある。

[288] 財務省「法人企業統計」によれば、2021年時点（金融業と保険業を除く全産業ベース）で、中小企業（資本金1億円未満の企業）が現金・預金の57.7%を保有している。

[289] 東京商工リサーチ「全国企業倒産状況」によると、2021年の企業倒産件数は6,030件と、2年連続で減少した（2020年は7,773件、2019年は8,383件）。なお、リーマンショックが発生した2008年は15,646件、2009年は15,480件であった。

[290] 日本総合研究所「コロナ危機下なぜ企業倒産は増えないのか」（2021年3月）は、2020年において、持続化給付金などの資金繰り支援は2,900件程度、コロナ禍以前からの企業の現金・預金の保有は1,300件程度、倒産を抑制する効果があったと推計している。

動性確保ならびに一定水準の利益剰余金（内部留保）を保有することの重要性が再認識[291]されたといえる。ただし、足元の有利子負債比率の水準はコロナ禍以前を上回っており、一層の財務体質の改善が必要な状況にある。

図表2-29　資金繰り判断ＤＩと有利子負債比率の推移

【資金繰り判断ＤＩ】

（「楽である」－「苦しい」、%ポイント）

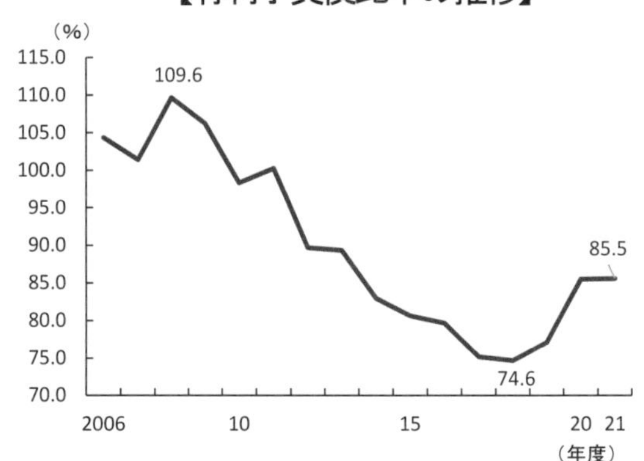

注１：企業規模計。金融業、保険業を除く全産業。
注２：有利子負債比率＝有利子負債／純資産、有利子負債＝短期借入金＋長期借入金＋社債。
出典：日本銀行「全国企業短期経済観測調査（短観）」、財務省「法人企業統計」をもとに経団連事務局にて作成

（４）内部留保（利益剰余金）のあり方

企業がリスクに備えつつ、安定的に運営を行っていく上で、一定水準の内部留保や手元資金の保有は不可欠である。これは、企業にとって大事なステークホルダーである社員の雇用維持・安定にも資するものである。同時に、将来への投資の原資となる内部留保は極めて重要である。

企業は、これまでの低コスト志向、ローリスク志向の考え方を改め、さらなるイノベーション創出に向け、スタートアップを含めた新規創業・事業、産業構造の変化に対応すべく、設備投資を積極的に進める必要がある。賃金引上げや総合的な処遇改善・人材育成などの「人への投資」を強化し、「成長と分配の好循環」「サステイナブルな資本主義」の実現への貢献が求められる。持続的な成長に向け、内部留保の活用のあり方について一層議論を深めるとともに、ステークホルダーの理解を図っていくことが求められる。

[291] 日本銀行「金融システムレポート」（2020年10月）、国立国会図書館「内部留保とコロナ禍」（2021年３月）などは、コロナ禍以前の企業の利益剰余金、現金・預金の増加がコロナ禍でプラスに作用したことを指摘している。

TOPICS
わが国における格差の現状

（1）わが国全体の格差の状況（ジニ係数）

代表的な格差を表す指標としては、ジニ係数[292]がある。世帯の当初所得（再分配前）のジニ係数は1980年代以降、高齢化と世帯の小規模化などを要因として、上昇傾向にある。一方、再分配後所得のジニ係数は横ばいで推移している。再分配機能が一定の効果を発揮し、特に年金等の社会保障が高齢世帯の所得格差の是正に寄与し、全体の所得格差の拡大を抑制していることが伺える。

図表2-30　ジニ係数、社会保障・税による改善度の推移

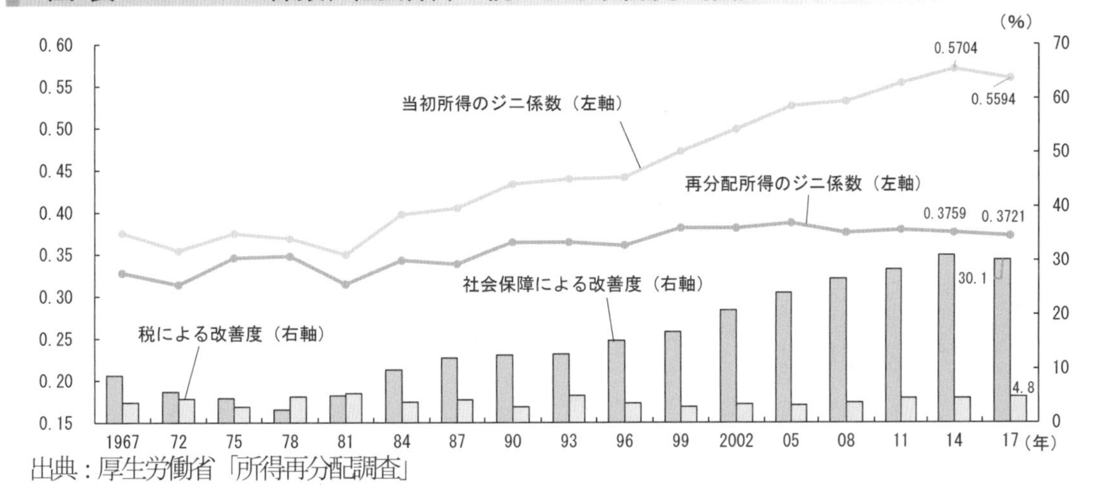

出典：厚生労働省「所得再分配調査」

（2）雇用形態間の格差

近年、雇用形態の多様化が進んでいる。雇用者全体の約4割（36.7%）を占める有期雇用等労働者は、わが国の経済活動を支える働き手である。同一労働同一賃金法制への対応や無期転換（正社員化）などが推進されているものの、いずれの年齢層でも男女ともに有期雇用等労働者（正社員・正職員以外）の賃金水準は正社員より相対的に低く、賃金カーブは概ね横ばいで推移している[293]。

---

[292] 所得分配の不平等度を測る代表的な指標で、所得格差に関して論じる際に用いられる。0から1の範囲で動き、値が高いほど所得格差が大きいことを表す。

[293] 厚生労働省「令和3年賃金構造基本統計調査」によると、雇用形態別の賃金の平均は、男女計では、正社員・正職員323.4千円に対し、正社員・正職員以外216.7千円となっている。男女別にみると、男性では、正社員・正職員348.8千円に対し、正社員・正職員以外241.3千円、女性では、正社員・正職員270.6千円に対し、正社員・正職員以外195.4千円となっている。なお、雇用形態間賃金格差（正社員・正職員＝100）は、男女計67.0、男性69.2、女性72.2と、女性のほうが相対的に格差は小さい。

また、有期雇用等労働者は正社員と比較して、企業によるＯＪＴやＯｆｆ－ＪＴ等を受ける機会が少ないことから[294]、人的資本が蓄積されづらい。加えて、学卒後初めての就職が有期雇用等であると、その後も有期雇用等にとどまるケースが多い[295]ことから、雇用形態が固定化しやすく、結果として、雇用形態間の賃金格差につながる可能性が指摘されている。

図表2-31　雇用形態別にみた賃金

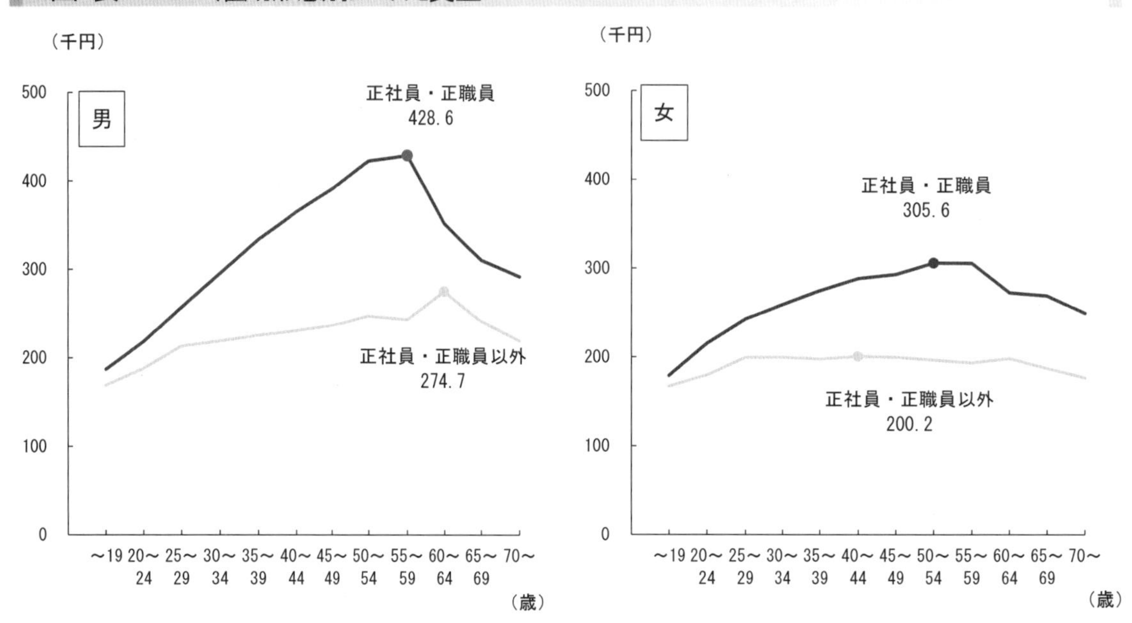

注：グラフ内の数値は、それぞれの雇用形態における年齢階層別賃金の最大値
出典：厚生労働省「賃金構造基本統計調査」

（３）企業規模間の格差

現状、中小企業の労働生産性が大企業と比較して低いことや、取引関係や商慣行等を背景に価格転嫁が難しいことなどを理由として、男女ともに中小企業の賃金は大企業より低くなっている[296]。さらに、中小企業は自社の社員に対する教育投資（能力開発）額が少なく、社員本人による自己啓発率も低い傾向にある。こうしたことも、大企業と比較して中小企業の賃金が低

---

[294] 厚生労働省「令和２年度能力開発基本調査」によると、計画的なＯＪＴを「正社員と正社員以外、両方に実施した」は19.4％、「正社員のみ実施した」が37.5％、「正社員以外のみ実施した」は2.9％であった。また、令和３年度の同調査によると、企業を通したＯｆｆ－ＪＴを受講した「正社員」の割合は38.2％であるのに対し、「正社員以外」は15.8％と差がある。

[295] 内閣府「令和４年度年次経済財政報告」によると、初職の就業形態と現在の就業形態の関係について、初職が正規の者は現職も正規である割合が高いのに対し、初職が正規以外の者は、若年層を中心に現職も正規以外の者の割合が高い。

[296] 厚生労働省「令和３年賃金構造基本統計調査」によると、企業規模別の賃金の平均は、男女計では、大企業339.7千円、中企業299.8千円、小企業279.9千円となっている。男女別にみると、男性では、大企業375.9千円、中企業328.0千円、小企業303.6千円、女性では、大企業271.0千円、中企業252.5千円、小企業235.0千円で、女性の方が相対的に格差は小さい。なお、企業規模間賃金格差（大企業＝100）は、男性で、中企業87.3、小企業80.8、女性で、中企業93.2、小企業86.7となっている。

い要因の１つと考えられる[297]。

図 表 2-32　企業規模別にみた賃金

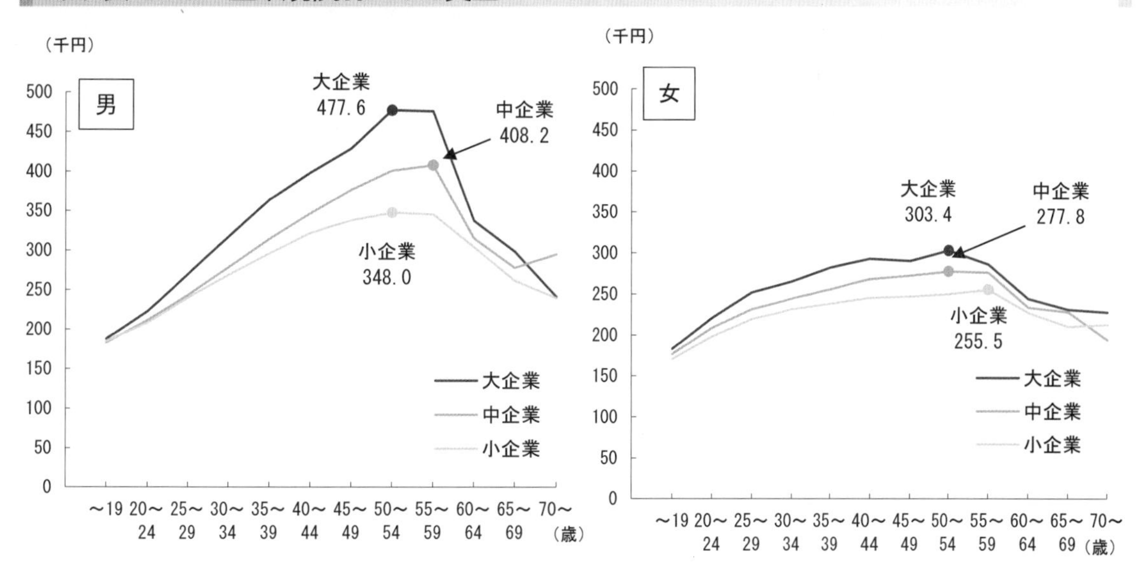

出典：厚生労働省「賃金構造基本統計調査」

所得格差と経済成長の関係については様々な主張があり、両者の関係にコンセンサスは形成されていないが、経団連が掲げる「サステイナブルな資本主義」の実現には、持続的な経済成長により雇用形態間・企業規模間などの格差が是正されていくことが不可欠である[298]。

[297] 厚生労働省「令和３年就労条件総合調査」によると、常用労働者１人１ヵ月平均現金給与以外の労働費用の内訳のうち、「教育訓練費」の平均は、「30～99 人」（424 円）、「100～299 人」（664 円）、「300～999 人」（710 円）、「1,000 人以上」（802 円）となっている。また、厚生労働省「令和３年度能力開発基本調査」によると、企業規模別の自社の社員が自己啓発を行った者の割合は、正社員では「30～49 人」（34.4％）、「50～99 人」（34.4％）、「100～299 人」（39.0％）、「300～999 人」（42.9％）、「1,000 人以上」（53.4％）と、規模が大きいほど実施率も高くなる傾向にある。

[298] 経団連「。新成長戦略」（2021 年 11 月）

TOPICS

中小企業の賃金引上げに関する現状と課題

（1）中小企業の賃金等の現状

わが国全体の賃金引上げのモメンタムを維持・強化していくには、日本企業のほとんどを占め、働き手の７割近くを雇用する中小企業[299]における賃金引上げが不可欠である。

財務省「法人企業統計」によると、中小企業[300]の賃金（１人当たり人件費）は、大企業の６割弱の水準で推移している。さらに、賃金の原資である名目労働生産性（１人当たり名目付加価値）と、その原資が労働者にどれだけ分配されたかを示す労働分配率をみると、中小企業の名目労働生産性は大企業の４割弱の水準となっている一方、中小企業の労働分配率は 80%近くに達しており、大企業を大きく上回っている。

図 表 2-33　企業規模別の賃金・名目労働生産性・労働分配率の推移

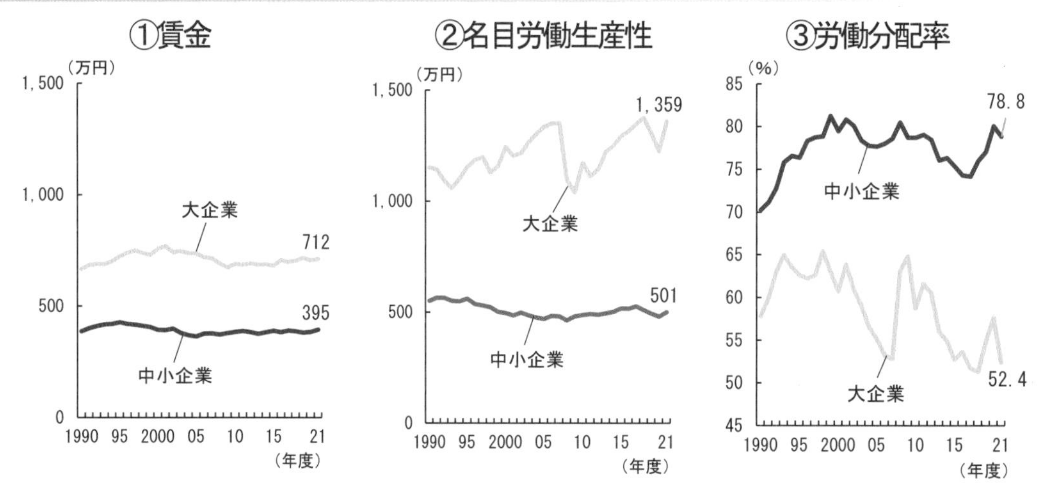

注：賃金＝人件費／従業員・役員数、名目労働生産性＝付加価値／従業員・役員数、労働分配率＝人件費／付加価値

出典：財務省「法人企業統計」をもとに経団連事務局にて作成

中小企業の賃金水準が低い主な要因は、名目労働生産性の低さにある[301]。名目労働生産性は、１人当たりの製品・サービスの生産量に相当する「実質労働生産性」と「価格転嫁の状況」を

---

[299] 中小企業庁「2022 年版 中小企業白書」によると、2016 年において、中小企業基本法等の定義に基づく中小企業の数（会社数＋個人事業者数）は約 358 万者と、日本の全企業数（約 359 万者）の 99.7%を占める。また、中小企業に所属する従業者数は約 3,220 万人と、全従業者数（約 4,679 万人）の 68.8%を占める。

[300] 本稿では、法人企業統計を用いた分析については、資本金１千万円以上１億円未満の企業を中小企業、同 10 億円以上の企業を大企業としている。また、中小企業、大企業ともに、金融業、保険業を除く。

[301] 企業規模間の労働生産性を国際比較すると、OECD.Stat では、工業（製造業、鉱業、電気、ガス等）において、大企業（従業員数 250 人以上）の労働生産性を 100 としたときの中小企業（同 249 人以下）の労働生産性は、日本 56.9（2019 年）、英国 58.4（2018 年）、米国 59.0（2012 年）、フランス 59.6（2019 年）、ドイツ 60.0（2019 年）となっている。

反映している[302]ことから、以下、それぞれの動向を解説していく。

（２）実質労働生産性の動向

2018年度の実質労働生産性を1990年度の水準と比較[303]すると、大企業では総じて上昇傾向を示し、16.4%増加した。一方、中小企業では、製造業の実質労働生産性は大きく上昇したのに対し、中小企業に占める割合が高い非製造業（サービス業等）の実質労働生産性は低迷しており、中小企業全体の実質労働生産性を押し下げている。

図表2-34 企業規模別の実質労働生産性の推移と上昇率の要因分解

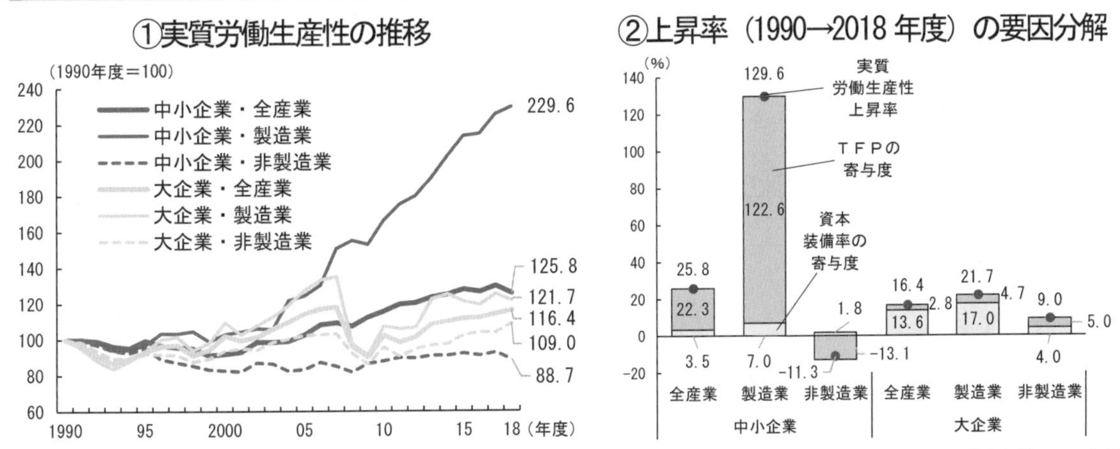

注１：製造業は、実質労働生産性＝名目労働生産性／価格転嫁力指標（図表２－36参照）。非製造業は、実質労働生産性＝名目労働生産性／ＧＤＰデフレーター。ＧＤＰデフレーターは企業規模別のデータが存在しないため、非製造業については、規模別の物価動向の違いが考慮されていないことに留意が必要。また、全産業の実質労働生産性は、製造業の価格転嫁力指標と非製造業のＧＤＰデフレーターを、製造業と非製造業の付加価値ウェイトを用いて加重平均したもので実質化している。

注２：資本装備率（実質）＝（有形固定資産＋無形固定資産）／従業員・役員数／固定資産デフレーター。固定資産デフレーター＝名目固定資産計／実質固定資産計。

注３：実質労働生産性上昇率＝（１－労働分配率）×資本装備率上昇率＋ＴＦＰ上昇率。労働分配率は1990～2018年度の平均値を使用。

出典：財務省「法人企業統計」、内閣府「国民経済計算」、中小企業庁「2020年版 中小企業白書」をもとに経団連事務局にて作成

1990年度から2018年度にかけての中小企業の実質労働生産性の変化を、資本装備率（１人当たり実質資本ストック）とＴＦＰ（全要素生産性）[304]の各々の寄与に要因分解すると、製造業ではＴＦＰが大幅なプラス寄与となった。これは、大企業が生み出したイノベーションが技術指導などを通じて、製造委託先の中小企業へ波及することで、中小企業は少ないコストで製

---

[302] 企業全体で見ると、名目付加価値＝売上高－外部購入費用である。生産物がすべて販売されたなどの仮定を置くと、名目付加価値＝生産量×販売価格－生産量×仕入価格＝生産量×（販売価格－仕入価格）と表される。これを従業員・役員１人当たりで見ると、名目労働生産性＝１人当たり生産量×（販売価格－仕入価格）となるため、名目労働生産性は、実質労働生産性（１人当たり生産量に相当）と販売価格と仕入価格の差、つまり価格転嫁の状況を反映している。

[303] 製造業の労働生産性の実質化に用いる価格転嫁力指標は2019年度以降のデータが未公表であるため、2018年度を比較対象とした。

[304] 経済成長のうち、労働や資本の変化では説明できない部分を指す。詳細は108頁の脚注260参照。

品・部品の改善やモデルチェンジが実現し、ＴＦＰの向上につながったものと考えられる。

一方、非製造業ではＴＦＰがマイナス寄与となっている。資本装備率は、製造業、非製造業ともに、プラス寄与となったが、大企業に比べ中小企業における寄与は小幅である。

中小企業の資本装備率（名目、2021年度）は、製造業では大企業の３割強、非製造業では大企業の２割強の水準となっており、特にソフトウェアの装備率が低く[305]、デジタル化に向けた投資が課題といえる。

（3）価格転嫁の動向

日銀短観において、価格転嫁の進捗状況を表す「販売価格判断ＤＩと仕入価格判断ＤＩの差」[306]の動向を見ると、製造業、非製造業ともに、中小企業は大企業より水準が低く、価格転嫁がしにくい状況に置かれていることがうかがえる。

図表2-35　企業規模別の「販売価格判断ＤＩと仕入価格判断ＤＩの差」の推移

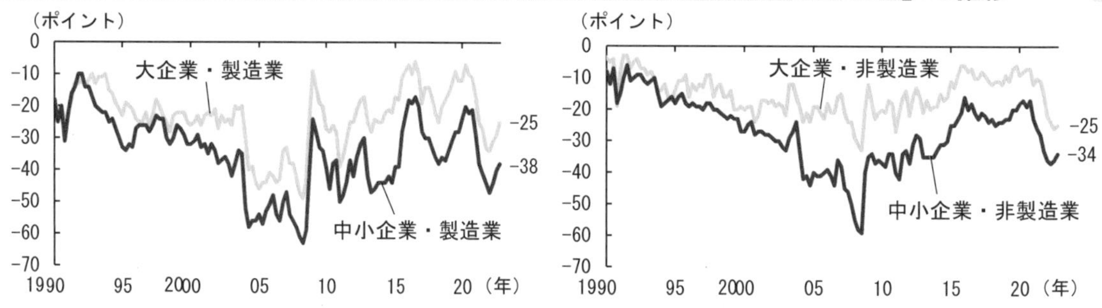

注：中小企業は資本金２千万円以上１億円未満の企業、大企業は同10億円以上の企業。
出典：日本銀行「全国企業短期経済観測調査（短観）」をもとに経団連事務局にて作成

価格転嫁の状況が名目労働生産性に実際にどのような影響を与えたかを見ると、製造業の中小企業では1990年代後半以降に価格転嫁が進まず、実質労働生産性の伸びを打ち消したことが名目労働生産性の伸び悩みにつながった。価格転嫁が進展しなかった背景としては、サプライチェーンにおける大企業と中小企業との役割分担などが指摘されている[307]。取引条件の改善と適正な価格転嫁により、実質労働生産性向上の成果をサプライチェーン全体で分配することで、製造業の中小企業における名目労働生産性の上昇につなげる必要がある。

---

[305] 財務省「法人企業統計」によると、中小企業の2021年度の資本装備率（従業員・役員１人当たりの有形固定資産と無形固定資産の額）は製造業772万円（大企業の水準を100としたときの割合は34.4%）、非製造業835万円（同22.8%）である。このうち、有形固定資産は製造業745万円（同36.1%）、非製造業797万円（同23.6%）、ソフトウェアを除く無形固定資産は製造業22万円（同24.2%）、非製造業31万円（同20.8%）、ソフトウェアは製造業５万円（同5.7%）、非製造業７万円（同5.7%）となっている。

[306] 販売価格判断ＤＩは、主要製商品の販売価格または主要サービスの提供価格について、「上昇」と回答した企業の割合から「下落」と回答した企業の割合を引いた値。仕入価格判断ＤＩは、主要原材料購入価格（外注加工費を含む）または主要商品の仕入価格について、「上昇」と回答した企業の割合から「下落」と回答した企業の割合を引いた値。

[307] 中小企業庁「2014年版 中小企業白書」では、中小製造業の価格転嫁力が低下した背景として、部品や中間財の生産を中小企業が担い、それを大企業に納入し、大企業は完成品を組み立てるという企業規模間での垂直連携構造を特徴とする加工組立型産業（一般機械、輸送機械など）の比重が1980年代以降、増加したことを指摘している。

他方、非製造業においては、顧客（一般消費者等）から理解が得られる形で、サービスの質の向上を適正に価格に転嫁させる努力が必要である。また、社会全体で適正な価格アップを受容する雰囲気を醸成していくことも重要である。

図 表 2-36　企業規模別の名目労働生産性上昇率とその変動要因（製造業）

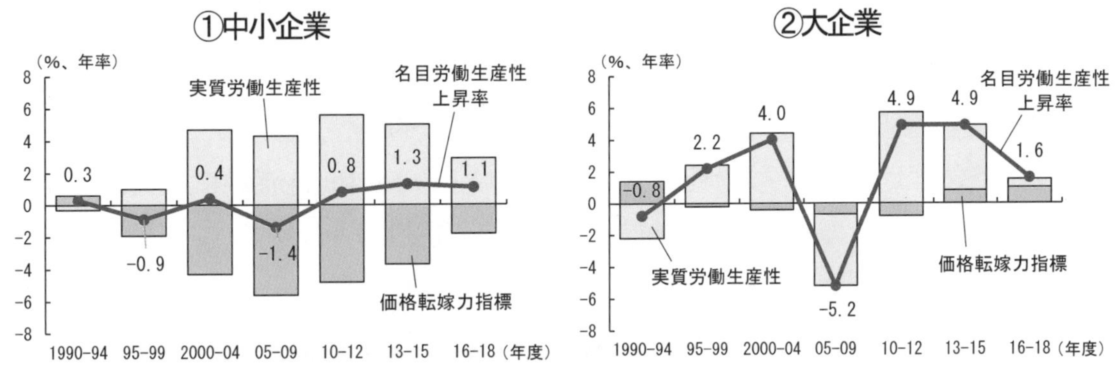

注１：価格転嫁力指標は、資本金２千万円以上１億円未満を中小企業、同10億円以上を大企業、名目労働生産性は、資本金１千万円以上１億円未満を中小企業、同10億円以上を大企業としている。
注２：価格転嫁力指標とは、販売価格と仕入価格の上昇率の違いから、仕入価格の上昇分をどの程度販売価格に転嫁できているか（価格転嫁力）を数値化したもの。日本銀行「全国企業短期経済観測調査」、「企業物価指数」、財務省「法人企業統計」をもとに中小企業庁において算出している。非製造業については、販売価格・仕入価格の動向が把握しにくいため、同指標は算出されていない。
出典：中小企業庁「2020年版 中小企業白書」

こうした状況の中、輸入物価や国内企業物価が大きく上昇している。日本商工会議所の2022年11月の調査（非製造業を含む中小企業が対象）によると、企業向け商品・サービス（BtoB）におけるコスト上昇分の全部または一部を転嫁できていない企業の割合は88.5%に上る[308]。他方で、「全く転嫁できていない」との回答は12.0%と、前年同時期の同調査（24.5%）から半減しており、価格転嫁が進みつつあることもうかがえる。

（4）中小企業の賃金引上げに向けた課題

中小企業における賃金引上げには、労働生産性の向上と適正な価格転嫁により、その原資を確保・増大させていくことが不可欠である。

労働生産性の向上には、ＩＣＴ投資をはじめとした設備投資を行うとともに、働き手のエンゲージメント向上にも資する働き方改革[309]のさらなる推進や、イノベーションの創出[310]などが有効となる。価格転嫁については、原材料価格等の上昇分を適切に取引価格に反映することとあわせて、社会全体で受容していくことが求められる。

---

[308] 日本商工会議所「商工会議所ＬＯＢＯ」（2022年11月）。価格転嫁できない主な理由（複数回答）としては、「消費者の節約志向・低価格志向が続いている（強まっている）ため」（32.3%）、「競合他社が販売価格を上げていない（据え置き、値下げ）ため」（31.8%）などが挙げられている。

[309] 詳細は4頁「１．エンゲージメントと労働生産性の向上に資する働き方改革」参照。特に中小企業における「働き方改革フェーズⅡ」の取組みについては12頁参照。

[310] 詳細は62頁「（2）中小企業における生産性向上とイノベーション創出」参照。

大企業は、「パートナーシップ構築宣言」[311]への参画などを通じて、中小企業における取組みを継続的に支援していく必要がある。具体的には、取引条件の改善と適正な価格転嫁、生産性向上に資する中小企業のデジタル化への支援、イノベーション創出のための連携などが重要である。政府・地方自治体には、各種助成金などの公的支援の継続・拡充や生産性向上に資する規制改革の推進などが求められる。

また、多くの中小企業では労働組合や労使協議機関がなく、そこで働く社員が賃金など自身の処遇に対する要望を企業に伝え、交渉する仕組みが制度的に整っていないことも課題といえる。中小企業では、経営トップと社員との距離が近いといった利点を活かし、日頃からコミュニケーションに努め、企業も社員も納得する適切な賃金引上げを図っていくことが望まれる。

図表 2-37　中小企業の賃金引上げに向けたイメージ図

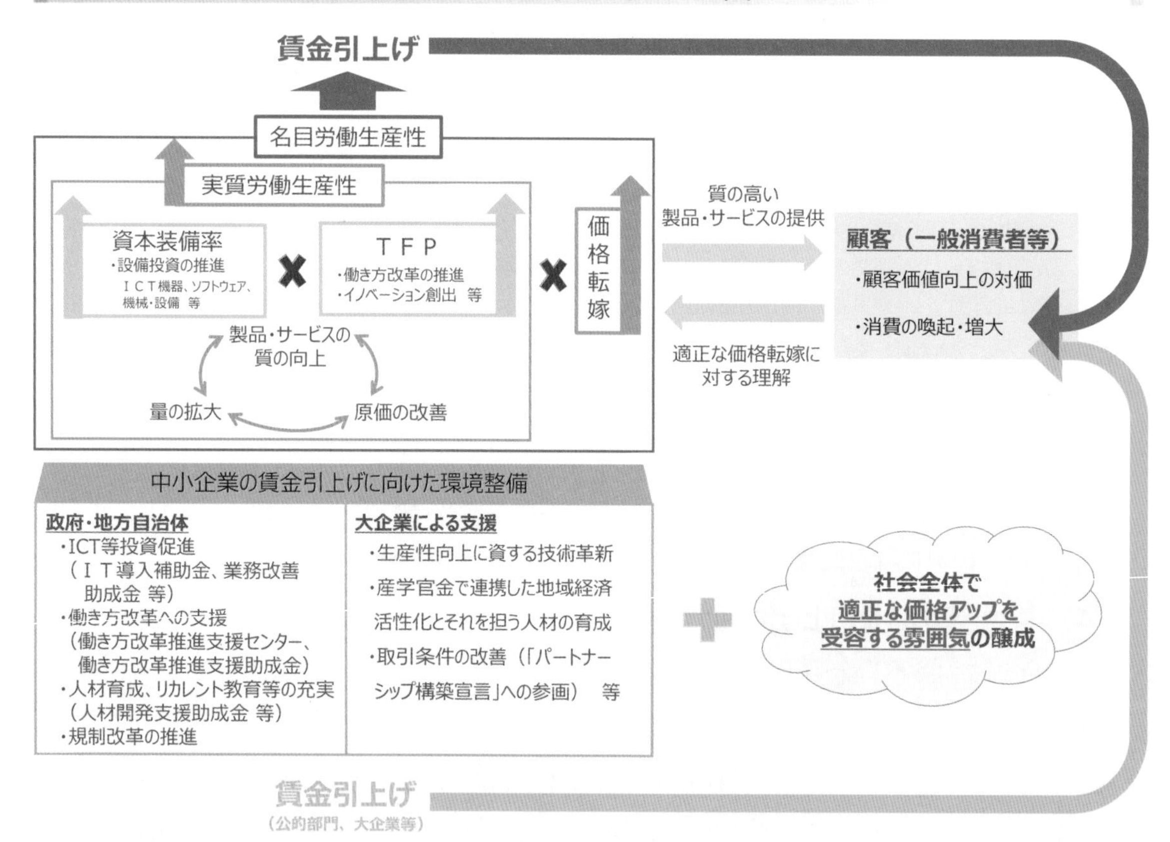

311 詳細は10頁の脚注21参照。

経営労働政策特別委員会名簿

＜会　長＞

十倉雅和　住友化学会長

＜審議員会議長・地方団体長会議長＞

冨田哲郎　東日本旅客鉄道会長

＜副会長・経営労働政策特別委員長＞

大橋徹二　コマツ会長

＜副会長＞

中村邦晴　住友商事会長
平野信行　三菱UFJ銀行特別顧問
渡邉光一郎　第一生命ホールディングス会長
篠原弘道　日本電信電話相談役
佐藤康博　みずほフィナンシャルグループ特別顧問
菰田正信　三井不動産社長
太田純　三井住友フィナンシャルグループ社長
安永竜夫　三井物産会長
東原敏昭　日立製作所会長
橋本英二　日本製鉄社長
津賀一宏　パナソニックホールディングス会長
南場智子　ディー・エヌ・エー会長
小路明善　アサヒグループホールディングス会長
永野毅　東京海上ホールディングス会長
遠藤信博　日本電気特別顧問
小堀秀毅　旭化成会長
永井浩二　野村ホールディングス会長
久保田政一　日本経済団体連合会事務総長